ADVIS D'VN DOCTEVR DE PARIS,

Sur vn liure intitulé, DE LA PVISSANCE ECCLESIASTIQVE ET POLITIQVE.

Nequè enim aliundè hereses ortæ sunt, aut natæ sunt schismata, quam indè quod sacerdoti Dei non optemperabatur, nec vnus in Ecclesia ad tempus sacerdos, & ad tempus iudex vice Christi cogitatur: D. Cyprian. lib. 1. Epistol. Ep. 3. ad Cornelium.

Durand

A PARIS.

1612.

A MONSEIGNEVR LE CARDINAL DE GONZAGVE.

MONSEIGNEVR,

Ayant veu ces iours passez un certain liure intitulé De la *puissance Ecclesiastique & Politique, apres auoir consideré les principes & fondemens de son autheur, & ensemble les consequences qu'il en tire; i'ay trouué qu'il est pernicieux à la Monarchie tant* Ecclesiastique *que Politique. Car il declare disertemẽt que* Le regime aristocratique est le meilleur de tous & tres-conuenable à la nature. *Proposition peu veritable, &*

qui porte sur le front sa propre condamnation. I'ay remarqué aussi qu'il tasche de diminuer l'authorité du sainct Siege Apostolique iusques à luy desnier les clefs de la iurisdiction essentielle de l'Eglise & ensemble à tous les Euesques en particulier. Il raualle aussi la grandeur de l'Eglise en general, disant, que toute la iurisdiction exterieure de l'Eglise reside en la puissance d'excommunier: & ainsi heurte les Princes souuerains Ecclesiastiques & temporels: deprime la puissance des Prelats establis du sainct Esprit pour le regime de l'Eglise: & non contant leue le cousteau contre la mere qui l'a porté en son sein, & l'a nourry du laict de ses mammelles. Ce sont les principaux chefs de son escrit, sur lesquels i'ay donné vn petit aduis, afin que les ames simples ne se laissent deceuoir par sa nouuelle & peu religieuse doctrine: & ce d'autant plus volontiers que i'ay appris que son *liure a esté rendu en langue vulgaire, pour faire gouster au peuple que l'Aristocratie est meilleure que la Monarchie; & par ce moyen exciter vn schisme en l'Eglise, & vne rebellion au Royaume: & comme escrit S. Hierosme,* vt quasi veteranus miles vno rotatu gladij vtrumque percuteret, & ostenderet populo quod quidquid ipse vellet hoc scriptura sentiret. *ou selon que dit le poëte du monstre Briaree,*

Tot paribus streperet clypeis, tot
stringeret enses;

dautant qu'il fait bouclier de l'Eschole de Paris, & des Theses d'vn Bachelier qui furent faictes comme les Anglois commandoient en Paris: Outre que les deuots de l'Eglise pretendue, qui ne veulent oyr parler de puissance souueraine en leur imaginaire liberté, l'ont faict imprimer de nouueau comme fauorable à leur singerie: d'où chacun peut facilement iuger s'il y a de l'apparence qu'il soit conforme à la doctrine ancienne de l'Eglise Catholique, & à la tradition de nos ancestres, attendu qu'il est si aggreable aux ennemis de l'Antiquité & de la verité. Je me deliberois, Monseigneur, de presenter ce mien petit labeur, comme i'ay faict autrefois, à cete grande Royne, laquelle tient les resnes de cete monarchie Françoise, & est comme vn fort rempart à ce florissant Royaume, afin de l'aduertir que les maximes de ce mutin sont iniurieuses au Roi nostre souuerain maistre & seigneur. Toutefois il est arriué ie ne sçay comment que i'ay pris Ephestion pour Alexandre, comme jadis la mere de Darius: Mais comme son addresse luy fut tres fauorable, entant qu'elle rencontra vn intime amy du Roy: i'espere aussi que la mienne ne me sera moins aduantageuse pour m'estre addressé non seulement à vn amy, mais aussi à vn proche parent du Roy &

de la Roine: Ioint que ma petitesse n'eut osé aboucher leurs Majestez; & que d'ailleurs ie desirois dire au S. Pere mon souuerain Euesque & Pasteur, que pour mõ regard ie deteste la doctrine & les propositions de cet Autheur sans nom. Ce que ie ne pouuois mieux faire que de me presenter à vostre Illustre grandeur, veu mesme que vostre pourpre semble vous obliger d'accepter mon offre, & de representer non seulement au Roy en qualité de parant & d'amy, mais aussi au chef visible de l'Eglise en qualité de Conseiller de son priué Conseil, combien ce liure peut preiudicier tant à la Religion que à l'Estat: & pour vous tesmoigner que ie suis eternellement

MONSEIGNEVR

Vostre tres-humble, & tres-obeyssant seruiteur,
C. DVRAND.

APPROBATION.

NOVS soubs-signez Docteurs en Theologie, certifions auoir veu ce present escrit en forme d'aduis, sur vn liure intitulé *De la puissance Ecclesiastique & Politique*, donné par C. DVRAND Docteur en Theologie. Et n'y auons rien trouué qui ne soit conforme à la foy de l'Eglise Catholique Apostolique & Romaine. A Paris le 25. Feurier 1612.

GVILLAVME GIFFORT.

F. de S. MARIE, Theologal.

ADVIS D'VN DOCTEVR DE Paris, ſur vn eſcrit intitulé

De la puiſſance Eccleſiaſtique & politique.

TOvT le monde ſçait combien le ſchiſme eſt dãgereux, & preiudiciable tant à la Religion que à l'Eſtat. Celuy qui arriua du temps de Moyſe en la loy ancienne, où du grand Conſtantin en la nouuelle, par la faction des Euſebiens & Meletiens rend de cecy vn fidelle teſmoignage. Sathan eſprit de diuiſion ſe ſert de ce ſtratageme ſur tous autres pour troubler non ſeulement le repos de l'Egliſe, mais auſſi la paix des Royaumes, & le plus ſouuent ſoubs couleur de pieté ou du bien public. C'eſt vn artifice de l'eſprit mutin & orgueilleux qui le premier forma vn ſchiſme dedans le ciel, ne voulant recognoiſtre de ſuperieur, & qui regēte par deſſus tous les enfans de ſuperbe. Il n'y a rien auſſi qui dōne plus de force à ſes deſſeins que la diuiſion & le contraſte fondé ſur vn pretexte de l'vtilité publique, ou pour le maintien de quelque verité en matiere de religion, pour laquelle les hommes ſe roidiſſent dauantage que pour toute autre choſe. Ie ne veux icy parler de la bluette de diuiſiō qui fut ces iours paſſez iettee au milieu de l'Vniuerſité de Paris, laquelle toutefois nous a menacez d'vn ſoudain embraſement: car n'eſtant queſtion que de l'ouuerture d'vn college, qui eſt choſe temporelle, & qui peut, & a eſté reglee par l'authorité du Magiſtrat, ceſte bluette de feu a donné de la terre iuſques au ciel de l'Egliſe, & s'eſt eſlancee ſur le chef viſible d'icelle, & meſme a penetré iuſques au ſecret inuiolable de la ſaincte confeſſion.

I'entens parler d'vn liure qui depuis peu a eſté mis en lumiere, intitulé *De la puiſſance Eccleſiaſtique & Politique*: lequel ne tend qu'à former vn ſchiſme en l'Egliſe de Dieu, car il represente nostre sainct Pere le Pape, non comme le chef visible d'icelle, & lieutenant de Iesus Christ en terre: ains comme vn simple huissier ou commissaire qui doit obeyr ou executer les ordonnances de la Cour. Et par ce moyé veut oster la croyance que les Catholiques ont tousiours eu du sainct Siege Apostolique, & de l'authorité du S. Pere, lequel l'Eglise vniuerselle, en ses publiques prieres, recognoit chef pour presider sur soy, & non pour obeyr, ou simplement executer ses ordonnances, car elle prie en ceste sorte: *Deus omnium fidelium Pastor & Rector, famulum tuum N. quem Pastorem Ecclesiæ tuæ præesse voluisti, propitius respice: da ei quæsumus, verbo & exemplo quibus præest proficere, vt ad vitam vnà cum grege sibi credito perueniat sempiternam.* Et neantmoins l'aduersaire enseigne que S. Pierre est seulement *dispensateur & chef ministeriel de l'Eglise*: Et fait de la monarchie de l'Eglise vne aristocratie semblable à la republique de Venise, où le Duc n'a que l'ombre de superiorité, ne faisant rien que ce qui a esté ordonné en l'assemblee de ville. Et ne

Pag. 1.

ſçay encore s'il donne autant de pouuoir au ſainct pere ſur les Egliſes particulieres comme a le Duc ſur chaſque ville dependante de la ſeigneurie, où il a plus de puiſſance que nul autre particulier : car l'autheur de ce libelle ne voudroit pas accorder que le Pape eut plus de pouuoir ſur chaque Eueſché que n'a le propre & particulier Eueſque.

Et ſi on prend bien garde à ſes maximes, il n'y a point de doute qu'elles tẽdẽt au Schiſme; car le ſchiſme n'eſt autre choſe qu'vne diuiſiõ de l'Egliſe & du chef d'icelle, ou meſme de ſon propre Eueſque, s'il n'eſtoit heretique, ou ſchiſmatique: dautant que noſtre Seigneur a dit, *qui vous eſcoute, m'eſcoute. Luc.* 10. Et comme noſtre Sauueur eſt le ſouuerain chef de l'Egliſe entant qu'il influe en ſes membres le ſens & le mouuement, c'eſt à dire, la foy & la charité, ainſi le Pape eſt le ſouuerain chef de l'Egliſe militante, entãt qu'il eſpanche exterieurement la doctrine de la Foy & des Sacremẽs. C'eſt pourquoy ſainct Cyprien eſcrit en ces termes au liure 4. de ſes epiſtres, *Eccle-*

ftu est plebs sacerdoti adunata & pastori suo grex adhærens, vnde scire debes, Episcopũ in Ecclesia esse, & Ecclesiam in Episcopo, & si qui cum Episcopo non sint, in Ecclesia non esse : L'Eglise est vn peuple conjoinct au prestre, & vn troupeau qui adhere à son pasteur: d'où vient que tu doibs sçauoir que l'Euesque est en l'Eglise, & l'Eglise en l'Euesque, & que ceux qui ne sont auec l'Euesque, ne sont point en l'Eglise. D. Cypr. l. 4. Epist. 9.

La raison est d'autant que l'vnité de l'Eglise ne consiste pas seulement en l'assemblage de tous les membres vnis en Iesus-Christ, chef souuerain d'icelle qui luy donne le sens & le mouuement interieur, mais aussi en l'vnion de son lieutenant chef visible de la mesme Eglise, entant qu'il influe exterieurement la doctrine de la foy, & des Sacremens, car *la foy est par l'ouye, & l'ouye par la parole de Dieu.* Or celuy qui ne veut recognoistre le sainct Pere; chef visible de l'eglise pour presider & la gouuerner comme pasteur, *quem pastorem Ecclesiæ tuæ praesse voluisti*, il se diuise du Pasteur vniuersel & visible d'icelle, & en suitte se rend schismatique.

Car de dire qu'il est chef ministeriel pour l'execution & vn instrument à l'Eglise comme, est l'œil à l'homme, c'est bien luy donner le nom de chef, mais en effect luy en oster l'office & le pouuoir, dautant que le chef n'est pas chef pour obeyr, ou simplement executer, ains pour cõmãder aux corps, & aux membres, & neantmoins l'autheur du libelle dit que, *en matiere du*
Pag. 27. *regime Ecclesiastique, Cephas, c'est à dire Pierre, est subiect à l'Eglise comme l'œil à l'homme*. Et on sçait bien que l'œil ne peut estre appellé chef ministeriel de l'homme, ains vn instrument & vn organe de la veuë: & en suitte il luy donne bien le nom de chef, mais en verité il luy en oste le vray office. Et cela estant il fait vn schisme par le desny du chef visible de l'Eglise. Possible qu'il dira qu'il recognoist Iesus-Christ pour chef essentiel & souuerain: car il declare que le gouuernement de l'Eglise est aristocratique, & qu'il faut *consulter le concile aristocratique de l'Eglise*, & par ce moyen ne recognoist point d'autre chef de l'Eglise que Ies⁹ Christ, bien qu'il donne le nom de

chef ministeriel au Pape : mais outre que les heretiques de nostre tẽps recognoissent bien Iesus-Christ pour chef de la vraye Eglise, & de la leur pretenduë, S. Cyprien se seroit abusé de iuger schismatique celuy qui se diuise de son Euesque, & S. Hierosme se seroit trompé quand il a dit, parlant de S. Pierre & des autres Apostres. *Inter duodecim vnus eligitur, vt capite constituto schismatis tolleretur occasio.* Car si pour garantir vn homme de schisme, il suffit de tenir Iesus-Christ pour chef de l'Eglise , comment est-ce que ce Docteur enseigne que Iesus-Christ mesme esleut S. Pierre , & l'establit chef sur les autres , pour retrancher toute occasion de schisme? *D. Hieron l. 1. in Iouinian.*

S. Augustin, rare lumiere de l'Aphrique, auoit vne autre croyãce du siege de S. Pierre, que n'a celuy qui veut sindiquer le Pape, & le reduire à vne enfance : car il proteste qu'il est retenu en l'Eglise par la succession des Pontifes Romains, qui tiennent le lieu de ce bien heureux Apostre : *Tenet me in Ecclesia Catholica ab ipsa sede Petri Apostoli, cui pascendas oues suas dominus com-* *Aug. lib. cõtra Epist. fundam.*

mendauit vsque ad præsentē Episcopatum successio sacerdotum. Car si le Pape n'estoit qu'vn simple instrumēt, cōme est l'œil à l'homme, ce grand docteur auroit-il dit que c'est la raison qui le retient en l'Eglise Catholique? auroit-il protesté qu'il estoit retenu en l'Eglise par la succession des Prestres, depuis le siege de S. Pierre, auquel le Seigneur auoit commis ses brebis pour les repaistre & gouuerner? car le verbe *pasce*, selō le Grec dōt S. Iean vse, signifie l'vn & l'autre: diroit ce pere que le siege de S. Pierre, en sa succession, est la cause pourquoy il demeure en l'Eglise Catholique? les heretiques de son temps, cōtre lesquels il disputoit, ne luy auroient-ils pas reparty, qu'il estoit bien abusé de s'asseurer sur vn si foible fondement, comme est l'œil du corps au respect de tout l'homme? car en fin il attribue ceste fermeté au siege de S. Pierre & à la succession des Pontifes Romains, *Numerate* (inquit) *Sacerdotes primò ab ipsa sede Petri, & in ordine illo patrum quis cui successerit videte; ipsa est petra quam non vincunt superbæ inferorum portæ.* Ce pere sçauoit tres-bien

Aug. in psal. contra partem Donati.

bien que la chaire de S. Pierre est vn tressolide fondement de la foy, attendu qu'il declare que c'est cette pierre laquelle les superbes portes d'ẽfer, c'est à dire les heresies, ne peuuent surmonter, car il ne parle point icy de l'Eglise en general, ains simplement de la chaire de S. Pierre. C'est pourquoy lors qu'on vouloit recognoistre si vn hõme estoit Catholique on auoit coustume de luy demander s'il communiquoit auec le Pontife de Rome, ainsi que remarque sainct Ambroise parlant de son frere Satire: Et cela se peut prouuer par plusieurs autres exemples & tesmoignages.

Ambr. orat funebr. pro frat. Satiro.

Et l'autheur du libelle me pardonnera s'il luy plaist, si ie dy que ceux de l'Eglise pretenduë designent mieux que luy les Catholiques, par le chef visible de l'Eglise Catholique, lors qu'ils nous appelẽt papistes ou Catholiques Romains: (comme aussi apres les tiltres de Catholique, & Apostolique, nous adioutons Romaine; pour mõtrer que la foy Romaine est vrayement Apostolique, & la mesme qui a esté celebree par l'Apostre, & annon-

Fides vestra annunciatur in vniuerso mundo. Rom. 1.

cee par tout le monde) car nous appellans papistes, & Catholiques Romains, ils entēdēt parler d'vn chef selon nostre commune croyance, & non pas d'vne personne suiecte à l'Eglise, comme est l'œil à l'homme: autrement ils pourroient auec plus de raisō nous appeller Catholiques Royaux, car il attribue autant ou plus de pouuoir aux princes temporels en la iurisdiction exterieure de l'Eglise, que au pontife Romain, ainsi que nous voirōs cy apres: ils recognoissent dōc que les Catholiques ont vne autre croyance qu'il n'a du S. Siege Apostolique, Et en suite on voit apertemēt qu'il ne tend qu'à vn schisme, & qu'il desire nous des-vnir & separer du chef visible de l'Eglise, Lieutenante de Iesus Christ en terre, par le desni duquel tout homme est schismatique, selon cette sentence: *Inter duodecim vnus eligitur vt capite constituto schismatis tolleretur occasio.* Et cecy est confirmé par le tesmoignage de S. Cy[illegible] lequel enseigne que les heresies, & les schismes ne viennent point d'ailleurs que du defaut de rendre obeyssance au sainct Pere, & de le recognoistre Lieutenant de Iesus-Christ. *Non aliunde* (inquit) *hereses ortæ sunt aut nata schismata, quam quod sacerdoti* Dei *non obtẽperabatur, nec vnus in Ecclesia ad tempus sacerdos, & ad tẽpus Iudex vice Christi cogitatur*. Et d'autant qu'il ne met son nom ny sa qualité en son escrit, honteux de son ouurage, il ne trouuera mauuais si ie luy donne le nom de Politique, pour euiter vne fascheuse circonlocution, ne pouuant en trouuer de plus doux, ny de plus conuenable, tant à son humeur qu'à son escrit intitulé *De la puissance Ecclesiastique, & politique*. Cypr. lib. 1. ep. 3.

Il pose pour son premier principe, vn axiome de Philosophie, à sçauoir que *Dieu & la nature regardent premierement & plus immediatement à tout le suppost qu'à vne partie du suppost, bien que tres-noble*. Et apres auoir apporté vn exẽple de l'œil, qui n'est qu'vn simple organe de la veuë, il tire en consequence que *le Christ fondant l'Eglise a donnè premierement, plus immediatemẽt & plus essentiellement les clefs, ou la iurisdiction à toute l'Eglise qu'à sainct Pierre*, Pag. 1.

ou (dit-il) ce qui reuient à mesme, *il a donné les clefs à toute l'Eglise pour estre exercees par vn.*

Premierement c'est vne raison tiree de la fin des choses, laquelle fin est voirement premiere en l'intention, mais elle est derniere en l'institution, ou execution: Car bien que la fin & intention d'vn Prince (par exemple) estant molesté par vn sien voisin qui a couru sur ses terres, soit de le cõbatre & repousser pour le repos de tous ses subjects, si est-ce que pour l'entreprendre il choisit premierement des chefs d'armee, leur donne pouuoir d'assembler des troupes, & de commander aux compagnies, chascun selon la qualité qu'il leur donne; autremét on pourroit dire aussi que Moyse & les souuerains Pontifes de la loy ancienne n'auoient pas receu la iurisdiction soit temporelle, soit Ecclesiastique autant immediatement de la main de Dieu, comme les enfans d'Israel, ou les Prestres & Leuites en commun; veu que la nature regarde plustost à tout le suppost qu'à vne partie quelque noble qu'elle soit: Et toutesfois il n'y a homme si peu versé en l'Escriture qui ne voye le contraire.

2. Et puis qui ne sçait que l'Eglise auoit son suppost interieur deuant que S. Pierre fut le chef visible d'icelle, à sçauoir Iesus Christ, lequel luy donne le sens & le mouuement interieur, la foy, la grace, la charité, & partant il ne reste que d'auoir vn chef exterieur & visible, pour luy donner le mouuemẽt exterieur par la doctrine de la Foy & des Sacrements: Et ce chef qui donne le mouuement, le doit premierement auoir par vn ordre de nature deuant les membres ausquels il le donne, cõme le cœur (bien qu'il soit partie du suppost) est le premier viuãt par vn ordre naturel, pour donner la vie & le mouuement aux membres: & quand vn homme veut faire quelque chose, on suppose tousiours l'empire du chef pour cõmãder à la main, au pied & aux autres parties du corps: & ainsi ie ne voy pas que son fondement empesche que S. Pierre n'ait immediatement receu les clefs de la iurisdict. Ecclesiastique, pour l'vtilité de l'Eglise. Et si l'eschole de Paris enseigne (au moins il le

dit) que le Sauueur a donné les clefs à toute l'Eglise, pour estre exercées par vn, d'où vient qu'il adioute immediatement, apres, que toute la iurisdictiõ Ecclesiastique conuient *premierement, proprement & essentiellement à l'Eglise, mais au pontife Romain & autres Euesques, instrumentalement, ministeriellement & seulement pour l'execution, comme la faculté de voir à l'œil*? car donnant comme il fait, la mesme puissance instrumentale aux Euesques, & autant immediate cõme au Pape, attẽdu qu'il y a plusieurs Euesques, & que les Euesques entre eux, & auec le Pape ne font pas vn l'exercice des clefs, comment accorde-il que les clefs sont dõnees à toute l'eglise, pour estre exercees par vn? Et si toute la iurisdictiõ exterieure de l'eglise cõsiste au seul pouuoir d'excommunier, comme il dit ailleurs, qu'est-ce que le Vicaire de Iesus-Christ en terre aura plus que les Euesques particuliers: & si selon ses maximes, l'excommunication ne peut estre ordonnée que par vn Concile, pour estre exercée tant du Pape que des autres Euesques en particulier, comment sera verifié ce que l'eschole de

Pag. 1.

Paris enſeigne, que les clefs doiuent eſtre exercées par vn? Eſt ce qu'il pourra commander à vn Eueſque d'excommunier ceſtuy-cy, ou celuy-là? ou bien s'il pourra pluſtoſt excommunier vn Prince que ne feroit vn ſimple Eueſque? car en fin il declare que les clefs doiuent eſtre exercées par vn. Et quand l'Eſchole de Paris tiendroit cecy, combien ſont eſloignées les cõclusions qu'il en tire, de la vraye & naturelle intelligence de cette propoſition? car il ſemble qu'elle veut dire que toute la iuriſdiction de l'Egliſe en ſon exercice depend d'vn ſeul, à ſcauoir du ſainct Pere, pour eſtre departie aux Eueſques & prelats, d'autant qu'il eſt (ainſi que dit ſainct Bernard) non ſeulement le Paſteur de toutes les brebis: mais auſſi le Prince des Eueſques, & le Paſteur de tous les Paſteurs.

Nec modo ouium, ſed & paſtorũ tu vnus omnium paſtor. Benar. l. 3. de conſid. ad Eugen. c. 8.

Quant à ce qu'il dit, que le Pape eſt pour l'Egliſe, & non l'Egliſe pour le Pape; il n'y a homme de iugement, qui nie que le Pape ne ſoit eſtably de Dieu pour l'vtilité de ſon Egliſe, & non l'Egliſe pour celle du Pape, comme le Pedagogue eſt pour les enfans, & non les enfans pour le pedagogue. Mais

1. Corin. 3. Pag. 1.

tout ainsi que c'est chose ridicule que le maistre fust subiect à ses enfans, cõme est l'œil à l'homme: de mesme c'est vne impertinence de penser que le S. Pere soit assubietty à ses enfans, le pasteur à ses brebis, ni plus ni moins que l'œil est à l'homme, auquel il ne sert que d'vn simple instrument & organe. Dauãtage, de qui sera composé cete Eglise à laquelle essentiellement & proprement conuient la iurisdiction Ecclesiastique, si le Pontife Romain, & les Euesques en sont exclus? car si les Euesques & le S. Pere y sont compris, il faut dire que la iurisdiction Ecclesiastique leur appartient essentiellement & propremẽt, voire plus propremẽt que à tout le reste de l'Eglise, cõme estãs les plus nobles parties d'icelle. Et quand l'Apostre dit qu'il ne faut se glorifier aux hõmes, *car toutes choses sont à l'Eglise & l'Eglise est à Christ, & Christ à Dieu*, passage que le Politique allegue pour cõfirmer sõ opiniõ; qui ne voit que ce passage ne prouue pas ce qu'il pretẽd, à sçauoir que la iurisdictiõ Ecclesiastique appartient seulement au Pape & aux Euesques instrumentalement, & ministe-

1 Corin. 3.

ministeriellement, car l'Apostre disant que toutes choses sont à l'Eglise, ne retrenche pas au S. Pere l'essentielle iurisdiction: & dautant que le Politique met les prestres qui ont charge d'ames au rang des Euesques pour deliberer aux Conciles, voudroit il point l'oster au Pape, & aux autres Prelats pour la laisser à messieurs les Curez?

Que diray-ie qu'il donne la mesme puissance en l'Eglise aux Princes temporels, que aux sainct Pere & aux Prelats d'icelle: car faisant parler l'Empereur Constantin, disant aux Euesques, *Vous estes dedans, mais moy ie suis estably de Dieu Euesque pour le dehors de l'Eglise*; c'est à dire (dit-il) *que le propre office des Princes Chrestiens est de faire des loix pour l'execution du droit diuin, naturel & canonique; & si la chose le requiert, frapper du glaiue*, comme aussi aucun ne nie que les Princes Chrestiens n'ayent le pouuoir de faire executer les loix tant diuines que Ecclesiastiques. Or attendu que la iurisdiction Ecclesiastique ne conuient au Pape & aux Prelats, que instrumentalement, & seulement pour l'execution, (selon sa premiere Pag.21

maxime) qui ne voit qu'il donne la mesme puissance aux Princes temporels sur la mesme iurisdiction? voire ce semble plus grãde, d'autant qu'il n'attribue pas au sainct Siege Apostolique, ny aux Euesques en particulier le pouuoir de faire des loix pour l'execution des Canons & du Droict, tant diuin que naturel, comme il fait aux Princes. Car outre ce qui a esté dit, quand il expose ces paroles de nostre Seigneur à sainct Pierre : *Repais mes brebis, repais mes aigneaux*, par lesquelles sainct Pierre est estably le Pasteur vniuersel de l'Eglise; il enseigne que

Pag.24. *le Christ par ces paroles ne donne point d'autre puissance à Pierre que ministerielle, & que l'office de Ministre & dispensateur, est d'executer les preceptes de la loy diuine, naturelle & canonique, & encore selon les reigles de regime aristocratique, & que S. Pierre est estimé Pasteur, pour l'execution des Canons, & la predication de la parole de Dieu.*

Pagi.16. Et comme il declare que le Pape a droict regulier & ordinaire d'assembler les synodes generaux, *entant qu'il a puissance sur les Eglises particulieres,*

& disperſees par toute la terre, Il enſeigne auſſi, que les Princes Chreſtiens ſoit iuſtement, ou iniuſtement, *ont conuoqué les Conciles generaux de Nice, de Conſtantinople, d'Epheſe, de Chalcedoine, d'autant que cela regarde l'exequution de la loy diuine, naturelle & canonique*. De ſorte que le ſainct Siege, & meſſieurs les Eueſques auront à ſon compte moins de pouuoir en la iuriſdiction de l'Egliſe, que les Princes temporels, & en tout cas n'en auront point dauantage, combien qu'ils ſoient particulierement eſtablis de Dieu pour le regime d'icelle; ſuiuant ce que dit l'Apoſtre, *Regardez à vous & à tout le troupeau ſur lequel le ſainct Eſprit vous a poſez pour regir l'Egliſe de Dieu*. Ce qui ſe doit entendre non ſeulemẽt en general, mais auſſi en particulier: autrement l'Apoſtre n'auroit rien dit, d'autant que l'Egliſe ſe regiroit de ſoy meſme; car tous les Prelats aſſemblez en Concile repreſentent l'Egliſe: & s'il n'entendoit parler qu'en general, il n'auroit pas diſtingué les Prelats de la generalité, diſant, Regardez à vous (prelats) & à tout le troupeau ſur lequel le ſainct

Act. 20.

Esprit vous a establis pour regir l'Eglise de Dieu.

C'est donc aussi pour neant que le Sauueur dit à S. Pierre, Repais mes brebis, repais mes agneaux. Et tu es Pierre, & sur cette pierre ie bastiray mon Eglise: Et ie te donneray les clefs des Cieux: Ce que tu lieras en terre, sera lié au Ciel, &c. & autres semblables prerogatiues ; s'il estoit vray que les princes eussent la mesme puissãce. A la verité cette nouuelle doctrine seroit bien venue en Angleterre, où le Prince se qualifie chef de l'Eglise: mais ie croy qu'il n'y a prince Catholique qui se voulut attribuer autant de pouuoir que les Euesques ou le sainct Pere, touchant la iurisdiction Ecclesiastique. Il dira que le Pape & les Euesques ont cela de plus qu'ils peuuent excommunier, car il escrit, que *le sommaire de toute la iurisdiction exterieure de l'Eglise reside en la puissance d'excommunier*, mais il se doit souuenir qu'il n'attribue au Pape & aux Euesques, que la simple exequution, & nõ la puissance essentielle de faire des Canons, comme a esté dit, ny mesme le pouuoir d'excommunier

Pag. 4.

lequel il reserue à toute l'Eglise en general, si ce n'est pour l'exequution; Or est il qu'il attribue aux Princes l'execution des canons & ordonnances tant diuines que Ecclesiastiques, & declare que c'est leur propre office. Qu'est-ce donc que les Euesques, & le S. Pere en particulier auront dauantage en la iurisdiction de l'Eglise ? On voit aussi que le magistrat ordonne souuent à la requeste d'vne partie qu'elle se pouruoira par les censures Ecclesiastiques pour tirer des preuues; & si l'Euesque ou son official refusent de signer le monitoire ou le Curé de le lire & fulminer, on procede contre eux par voye de contrainte: De sorte que le Magistrat aura biē plus de pouuoir en la iurisdiction exterieure de l'Eglise, que n'a l'Euesque lequel ne peut rien faire que selon l'ordonnance du Concile. Et si le Concile n'a ordonné sur le cas qui s'offre (comme il est impossible de faire des loix & des canons pour tous cas, & faut que le Iuge seculi r ou Ecclesiastique, qui sont cōme la loy viue & animee, suppleent à ce defaut, & ordonnent selon qu'ils voyent estre plus equitable) l'Euesque ou le Curé auront d'vn costé les mains liées, & de l'autre seront contraincts de passer les bornes, que le politique leur prescrit. On peut dire le mesme du S. Pere, auquel il fait cet honneur d'assigner les mesmes limites. Tellement que si on luy demande quelque dispense en certains cas, ou le Pape cõme vn sage pere de famille condescẽd à la necessité de ses enfãs, il ne le pourra faire; parce que les canons de l'Eglise le defendent, & faudra assembler vn Concile general pour en resoudre & dispenser: car il semble que le Politique ne se contenteroit pas de la resolution d'vn national. Ou si vn national peut faire des canons & ordonnãces, (car luy mesme demande, & seroit à desirer, que messieurs les Euesques fissent plus frequẽment des Synodes prouinciaux, afin de pouruoir aux necessitez de leurs Eglises) pourquoy le S. Pere auec le sacré college des Cardinaux choisie de toutes le prouinces de la Chrestienté, auront ils moins de pouuoir? car il y a plusieurs prouinces, voire des Royaumes, où il se trouuera moins d'Euesques qu'il n'y a deCardinaux à Rome, la pluspart desquels sont Euesques ou Archeuesques, & tous ont le tiltre de quelque Eglise ? le politique ne parle point ouuertement de cette illustre compagnie, ains la designe soubs le mot *d'oligarchie*, d'autãt que la couleur de ses raisons sembleroit possible moins apparante: ou bien n'est-ce point qu'il craint que son ingratitude ne fut recogneue d'vn chascun au seul nom du college Cardinal?

Il semble aussi qu'il ne s'arreste pas à vn Concile national, crainte qu'vne tant illustre compagnie fortifiée du S. siege Apostolique n'emportast la preference, ains en demande vn general & vniuersel, afin que les Euesques & le sainct Pere ne puissent rien faire, si toute l'Eglise n'y a passé. Et d'autant qu'il voit bien que c'est chose de longue haleine de conuoquer des Conciles generaux, veu mesme que tous les Curez (selon luy) y doiuent assister & y ont voix deliberatiue, il nous renuoye tous à vn concile vniuersel quelque desordre & necessité qui puisse en attendant suruenir à l'Eglise ou aux membres d'icelle : vray est qu'il proteste sur la fin de son escrit qu'il remet tout ce qu'il a dit au iugement de l'Eglise; là où si par l'Eglise il entend vn Concile general, comme il semble, c'est le vray moyen de garantir son liure d'vne iuste cẽsure, si ce n'est que la Sorbonne y apporta, la sienne en attẽdant: mais cõme il est hõme d'affaires qui preuoit de loin, il la preuenue, luy a fermé la bouche, lié les mains, & à la faueur de ses amis, s'est deliuré pour vn temps d'vne fascheuse fieure. Il ne deuoit pas pourtant craindre si ses principes & ses conclusions sont, comme il pretend, estayez sur les axiomes & resolutions de l'eschole de Paris.

Et puis que seruiront les Conciles nationaux ou prouinciaux, si tant est que la iurisdiction Ecclesiastique ne conuient essentiellement & proprement qu'à l'Eglise? car si les Euesques d'vne Prouince ou d'vn Royaume n'ont que la simple exequution des canons, & si toute la iurisdiction exterieure de l'Eglise ne consiste qu'à excommunier, comme veut le Politique, c'est en vain qu'ils s'assembleront,

si ce

ſi ce n'eſt pour dire, Nous voicy venus, & pour deplorer les miſeres de leurs Egliſes ſans y pouuoir apporter aucun remede : ne voyez vous pas que le Politique eſt vn vray mocqueur, & qu'il ne taſche qu'à renuerſer la monarchie de l'Egliſe par ſa nouuelle doctrine?

Cet homme apres auoir enſeigné que la puiſſance infaillible de faire des canons reſide en toute l'Egliſe ou au Concile general qui la repreſente, allegue le dire du Sauueur, s'il n'eſcoute l'Egliſe, repute le cõme vn ethnique & publicain, & monſtre que de là il s'enſuit que le *Chriſt a immediatement concedé à l'ordre hierarchique, lequel il deſigne par le nom d'Egliſe la puiſſance d'excommunier; car comme le nombre de dix contient par eminence, & par cauſe tous les nombres, ainſi cette façon de parler (Dy le à l'Egliſe) comprend eminemment, & en ſa cauſe la plenitude de la puiſſance Eccleſiaſtique auec tout ſuperieur Eccleſiaſtique, ayant quelque iuriſdiction, ſoit Curé, Eueſque, Pape ou le Concile general, &c.* Pag. 9.

Or par cecy il veut inferer que le Pape ou l'Eueſque ne peuuent excommunier ſi le Concile general n'a faict vn canon sur le faict qui se peut presenter, veu que selon luy la puissance d'excommunier n'est donnee que à l'Eglise en general, & au Concile, & non au Pape, ny aux Euesques en particulier, si ce n'est ministeriellement, instrumentalement, & pour l'execution, ou bien il veut dire qu'vn simple curé qui fait partie du Concile, ainsi qu'il enseigne, peut excommunier aussi bien que son Euesque, ou que le Pape: Mais le premier ne se peut dire; car (par exemple) S. Ambroise excommunia Theodose sans attendre la conuocatiõ d'vn Cõcile, pour sçauoir si en tel cas il le pouuoit excommunier; & ce à l'exemple de l'Apostre qui excommunia l'incestueux Corinthien, & encore les deux blasphemateurs Alexandre & Himenée, sans qu'il fut besoing d'assembler vn Concile, ou qu'vn concile eut determiné sur ce subiect, & declaré digne d'anatheme tout incestueux & blasphemateur. Ainsi le Pape Fabianus excommunia l'Empereur Philippe, & Synesius Euesque de Cyrene en Egypte Andronicus gouuerneur de pentapolis, &c. Le second est

Syne. Epist. 58.

aussi faux, & cōtre la pratique vniuer selle de l'Eglise ; car on n'a iamais veu qu'vn simple Curé de parroisse ayt eu pouuoir d'excommunier sans l'authorité de son Euesque ou de nostre saint pere le pape. Et d'autant qu'en l'Eglise primitiue quelques Prestres, & mesmes des Diacres se trouuoient aux Conciles pour accompagner les Euesques, & pour disputer ou donner conseil, comme iadis S. Athanase estant encore Diacre au Concile general de Nice, & que sainct Hierosme escrit que les Prestres iadis regissoient l'Eglise en commun, le politique veut inferer de là que les prestres Curez doiuent auoir seance & voix deliberatiue aux Conciles: Et ne considere pas ou dissimule malicieusement ce que ie viens de dire, à sçauoir que les seuls Euesques ont donné leurs suffrages aux Conciles, & non iamais les prestres & simples Curez, cōme en celuy de Nice, cōposé de trois cens dixhuit Euesques, lesquels seuls, & non les Curez, soubscriuirent aux actes du Concile. Et en celuy de Chalcedoine, où se trouuerent plus de six cents Euesques, & auquel les peres assemblez quand il fut question de recueillir les voix, s'escrierent *Mettez dehors les superflus, car c'est le Concile des Euesques.* Et comme on eut enuoyé vers Martin superieur de religion, pour luy faire soubscrire aux decrets du Concile, il s'en excusa disant que ce n'estoit que aux seuls Euesques. C'est pourquoy aussi le ieune Theodose dit en son Epistre qu'il escriuit au Cōcile d'Ephese rapportée au premier tome des Conciles, *C'est chose illicite* (dit il) *que celuy qui n'est en l'ordre des tres-saints Euesques se mesle des traictez Ecclesiastiques.*

Mitte foras superfluos, Concilium Episcoporũ est. Conci. Chalced. Act. 1.

Illicitum est eum qui non sit in ordine sanctissimorum Episcoporum ecclesiasticis immisceri tractatibus.

Et puis s'il est vray, ce que dit le politique, que *le sommaire de toute la iurisdiction externe de l'Eglise, consiste au pouuoir d'excommunier.* Ie vous laisse à pēser que feront Messieurs les Euesques (sans parler du sainct Pere) lors qu'ils viendrōt corriger vn Prestre, soit Curé ou autre, & le ranger à son deuoir, quand ils font la visite par leurs Eueschez, ou en autre temps selon la necessité. Car de dire que les Prestres & Curez ou autres se corrigent tousiours par les censures Ecclesiastiques, l'ex-

Pag. 4.

perience iournaliere monſtre bien du contraire, & on voit (choſe toutefois deplorable) que aucuns en font moins d'eſtat que les laïques & ſeculiers, & qu'ils ne deſiſtent pas de continuer en leur mauuaiſe vie. Et ſi l'Eueſque n'a que le pouuoir d'excommunier les Preſtres ou Curez, Diacres & clercs quelques inſolens qu'ils ſoiēt, ne morgueront ils pas leur Prelat, & ce d'autant plus inſolemment qu'ils ſeront plus hardis & determinez au vice? Car de dire qu'il en peut auoir la raiſon par le moyen du magiſtrat ſeculier, tout le reuenu de ſon Eueſché n'y ſuffiroit pas pour en faire la pourſuitte eu eſgard au nombre des delinquans: outre qu'il ne luy faudroit faire autre choſe que de ſolliciter Meſſieurs les Iuges, Aduocats & Procureurs, car s'il n'y alloit en perſonne ils ſe ſentiroiēt meſpriſez: & s'il ne ſe tient pres, il y a danger qu'il ne ſoit cōdamné luy meſme par l'artifice de ſes parties, ie dis de ſes parties, parce que pluſieurs de mauuaiſe vie ſe voyans preſſez de faire leur deuoir, prennent ſouuent leur Eueſque à partie, & appellās comme d'abus, sçauent si bien colorer leur fait que le criminel a gain de cause, & ne reste à l'Euesque qu'vne hõte sur le front, auec vn mespris de son authorité, & vne plus grande insolence à leur inferieur. C'est pourquoy aussi on voit tãt de desordre aux parroisses principalement des chãps où la honte de mal faire ne retient pas tãt les Curez & autres Ecclesiastiques, comme souuent elle fait ès villes au defaut de la crainte & amour de Dieu. C'est biẽ loing de donner à messieurs les Euesques pouuoir de deposer les Curez, lors qu'ils persistent en leurs mauuais deportemens apres auoir esté deuëment aduertis ou chastiés par quelque rigueur de penitence, & de mettre d'autres en leur place, comme jadis: ou mesme vn Euesque particulier pour quelque vice de mauuaise odeur ou autre faute notable, estoit banny de son Eueſché par sentence de plusieurs Euesques, si nous croyons au rapport de Gregoire de Tours.

Voyez Gregoire de Tours en son histoire.

C'est encore bien loin d'attribuer aux prelats de l'Eglise le iugement des choses seculieres, conformément aû dire de l'Apostre, *Secularia igitur iudicia si habueritis, contemptibiles qui sunt in Ecclesia illos constituite ad iudicandum* 1. *Cor*.6. Passage que le Politique allegue, & dit qu'il le faut seulement entendre selon le droit humain, & non diuin : Mais outre que l'Apostre parle absolument, le Politique confesse à tout le moins que l'Eglise à ce pouuoir *de droit humain, & par la concession des Princes*. Il ne pouuoit aussi nier vne verité si manifeste: car les Edicts & escrits des Empereurs en rendent vn fidele tesmoignage, d'où vient que S. Ambroise, S. Augustin, Synesius & autres se plaignoient de l'abondãce des causes, & de l'importunité des parties qui venoient deuant eux pour receuoir leur iugement. Voicy ce que dit S. Augustin escriuant sur le Psalme 118. *Maligni homines efflagitant aut certè infirmos premunt vt causas suas ad nos deferre compellant: Quibus dicere non audemus, dic homo quis me constituit iudicem aut diuisorem inter vos? constituit enim talibus causis Ecclesiasticos Apostolus cognitores.* & de rechef escriuant à Proculianus, *& homines quidem causas suas se-*

Pag. 20.

Aug. in ps. 118. *conci.* 74.

Aug. epist. 147. *ad Proculianum de vnitate & cõcordia Ecclesiæ procuranda.*

culares apud nos finire cupientes quando eis necessarij fuerimus, sic nos sanctos & Dei seruos appellant vt negotia terræ suæ peragant, aliquando agamus & nos negotia salutis nostræ, & salutis ipsorum, non de auro, non de argento, non de pecoribus, pro quibus rebus quotidie summisso capite salutamur, sed vt dissensiones hominum terminemus, voire mesme il semble que Synesius Euesque de Cyrene en Egypte voulut quitter son Euesché pour fuyr l'importunité des parties, comme il appert par ses lettres qu'il escriuit contre Andronicus. Le Politique dit que les Ecclesiastiques estoiẽt alors d'vne tressainte vie, mais si ceux de nostre temps ne sont tels, *il y à douze heures au iour*. Ils pourront regarder premierement à eux mesmes, *attendite vobis*, & puis au troupeau sur lequel le S. Esprit les a establis, *& vniuerso gregi, &c.* & si par le benefice du Prince ils sont en possession de iuger des causes ciuiles, à plus forte raison ils peuuent iuger des Ecclesiastiques, & punir les delinquans Prestres Diacres & autres par la prison, le ieusne, & autres semblables contraintes sans

Synesius Ep. 57.

Ioan. 11.

ſans borner leur pouuoir à la ſimple excommunication, comme veut faire le Politique.

Mais retournons ſur nos premieres briſees, & ſuyuons ſes preuues, par leſquelles il veut monſtrer que ſainct Pierre n'a point receu les clefs de la iuriſdiction eſſentielle de l'Egliſe, car ſi nous auons auancé ſur le milieu & preſque ſur la fin de ſon eſcrit, c'eſt à cauſe de ſes renuoys ordinaires du commencement au milieu, & de la fin au commencement.

Il dit que *noſtre Seigneur ayant promis à ſainct Pierre les clefs au nõ de toute l'Egliſe par vn verbe du temps futur. Matt. 16. Ie te donneray les clefs du royaume des cieux, &c. le donne depuis actuellement à l'ordre hierarchique Matth. 18. là où il eſtablit l'Egliſe pour eſtre ſuffiſante ouuriere de ſoy meſme.* Et en ſon 4. principe pour montrer que toutes les controuerſes ſe reſoluẽt au Concile general, comme au dernier & infaillible ſiege contenant toute plenitude de puiſſance, il le prouue ainſi, Dautãt (dit-il) que noſtre Seigneur ayant preferé cet oracle *dy le à l'Egliſe*, adjouſta inconti-

Pag. 2.

Pag. 10.

nent en plurier : Ie vous dy en verité tout ce que vous lierez en terre &c. *d'où il appert qu'il n'est pas formellement & proprement parlé de l'Eglise pour vn seul homme, ains de plusieurs congregez ensemble, & pource à la suitte du mesme propos le Seigneur donne pouuoir à l'Eglise de se congreger en Concile pour ordonner infailliblement.* Ie vous dy derechef que si deux de vous conuiennẽt ensemble sur la terre, mon pere qui est aux cieux leur accordera tout ce qu'ils demanderont : car là où sont deux ou trois assemblez en mon nom, ie suis là au milieu d'eux.

Or si le Politique prouue que le fils de Dieu donna *actuellement* les clefs à l'Eglise parce qu'il vsa de ces termes, *Dic Ecclesiæ*, il s'ensuit bien aussi qu'il les donna de mesme actuellement à S. Pierre, disant, *tibi dabo claues regni cælorum*, d'autant que cette façon de parler, *dy le à l'Eglise*, bien qu'elle semble estre du temps present, si est ce qu'elle ne regarde que l'aduenir, cõme quand le Sauueur dit, *si quelqu'vn t'a frappé sur la ioue, tends luy encore l'autre*, ces mots *prebe illi & alteram*, regardent le temps aduenir, bien que le verbe soit du present. Car le Sauueur par ces paroles, enseigne seulement l'ordre, & la procedure qu'il faut tenir pour corriger celuy qui a offencé vn autre, à sçauoir de le reprendre premierement en priué seul à seul, & puis entre deux ou trois, & en fin de le dire à l'Eglise. Et quand il adjouste *s'il n'escoute l'Eglise, repute le comme vn ethnique & publicain*, ce n'est qu'vn effect de la puissance & iurisdiction Ecclesiastique laquelle il confere à ses Apostres, apres leur auoir montré l'ordre qu'ils deuroient garder, lors qu'il adiouste, *Tout ce que vous lierez en terre sera deslié au ciel &c.* Car vn homme qui se rend incorrigible & contumax, est reputé de l'Eglise comme vn Payen, c'est à dire, est excommunié, parce que les Pasteurs de l'Eglise ont puissance de le lier par des censures, & de le liurer à Sathan, comme iadis S. Paul fit de l'incestueux Corinthien, & des blasphemateurs Alexandre & Hymenee. Or si la preuue du Politique est valable pour monstrer que le Sauueur par les susdites paroles a donné *actuelle-*

ment les clefs à l'Eglise, il s'ensuiura qu'il les a données aussi *actuellement* à S. Pierre, disant Tout ce que tu lieras en terre sera lié aux Cieux; car celles qu'il adresse à ses Apostres, & par lesquelles il leur donne puissance de lier & deslier sont toutes semblables. *Je vous dy en verité, tout ce que vous lierez en terre sera lié au Ciel*, ausquelles parolles consiste proprement la puissance essentielle & iuridique, laquelle nostre Seigneur leur promet, & en suite de laquelle celuy qui n'escoute l'Eglise doit estre estimé comme vn Ethnique & publicain; de sorte que si ses Apostres ont par ces parolles receu actuellemẽt les clefs de l'Eglise, il faut dire que S. Pierre les receut aussi actuellement, lors que le Sauueur apres luy auoir dit, Ie te donneray les clefs du Royaume des Cieux, adiouta immediatement apres, Et tout ce que tu lieras en terre sera lié aux Cieux. Et ayant dit *ie te donneray les clefs*, il ne se tourna pas vers les Apostres pour les leur donner; ains poursuiuant luy dit *ce que tu lieras en terre*: combien que le Politique vueille rapporter à cette conmunauté, ce qui auoit esté lors personnellemẽt promis à S. Pierre. Toutesfois il semble que veritablemẽt le Sauueur par ces parolles, *quæcumque ligaueritis super terram* Math. 18. ne fit que promettre & predire à ses Apostres la puissance qu'il leur donneroit vn iour : car on sçait bien que les Apostres ne furent point ordonnez Prestres, sinon en la derniere Cene, ny Euesques & Pasteurs si non apres la resurrection, & qu'en suitte ils n'auoient au parauant aucune iurisdiction Ecclesiastique, ou s'ils en auoient receu par ces paroles, sainct Pierre l'auoit aussi receuë deuãt eux en particulier. Math. 16. Ouy mais si les clefs ont seulement esté promises alors, quand est-ce qu'elles ont esté données? On peut respondre que ce fut quand nostre Seigneur leur dit, *paix soit auec vous, comme mon pere m'a enuoyé ie vous enuoye* ; car c'est à l'heure qu'il leur donne la puissance & la clef de la iurisdiction par cette mission reelle, & les fait comme ses Legats, & en son nom gouuerneurs de son Eglise. Et par les paroles suiuantes, *Receuez le saint Esprit, ceux ausquels vous remet-* Iean. 20. & 21.

trez les pechez ils seront remis : Il leur donna la puissance de l'ordre. Et afin qu'on recogneut que cette puissance souueraine estoit conferée aux Apostres, comme à des Legats, & non comme à des Pasteurs ordinaires, & que c'estoit auec vne certaine submission à sainct Pierre, le fils de Dieu dit à Pierre seul, Ioan. 2. *repaix mes brebis*, comme à luy seul auoit esté dit, *Ie te doneray les clefs*, car il receut les clefs du Royaume, comme principal & ordinaire Prelat, quand le Sauueur luy dit Repais mes brebis, & alors la charge mesme des Apostres ses freres luy fut commise: Car à quel propos luy eut dit nostre Seigneur en particulier ; ie te donneray les clefs, & repais mes brebis, s'il ne receuoit rien plus que les autres? C'est pourquoy S. Basile enseigne que S. pierre a esté *preferé à tous les autres disciples & que les clefs du Royaume des Cieux luy ont esté commises*. Sainct Ambroise exposant ce que dit nostre Seigneur à S. Pierre. Ioan 13. tu ne me peux maintenant suiure, mais tu me suiuras apres, declare qu'il luy auoit commis se clefs, *clauescommiserat regni celorum*

Ille beatus qui ceteris pralatus discipulis fuit, cui claues regni celestis cõmissæ. g. Baz. ser. de Iudicio dei. Ambr. l. de Isaac. c. 5.

& sequelam impare indicauit, S. Bernard qui n'estoit pas ignorãt dusẽs de l'escriture dõt ses œuutes sont merueilleusemẽt biẽ tissues & parsemées declare en termes exprés que c'est à Eugene à qui les clefs ont esté données. *Tu es cui claues traditæ, cui oues creditæ sunt*. Et pour montrer qu'elles luy auoient esté données auec vne superiorité par dessus les autres, il adioute *Les autres sont vairement portiers du Ciel & Pasteurs des troupeaux: mais tu es d'autant plus digne que tu as auec difference herité ces deux qualitez: ceux la ont chacun en particulier leurs troupeaux designes: mais nous tous vniuersellement sommes commis à toy seul, & non seulement tu es vn Pasteur de toutes les brebis, mais aussi de tous les Pasteurs*. Ce sont les paroles de ce tres-saint religieux & gentilhomme François, lesquelles sont d'autant plus considerables qu'il a tousiours esté fort esloigné de toute flaterie. Saint Leon declare aussi aux Euesques de la prouince de Vienne que la puissance de lier & deslier a esté donnée à Pierre par dessus les autres *Petro præ ceteris soluendi & ligandi tradita est potestas*. Saint Cy-

L. 3. de cõs. ad Eugen. Et alij q. cali ianitores & gregum pastores, sed tu tanto dignius quãto & differentius vtrumque præ illis nomen hereditasti: habẽt illi signatos sibi greges singuli singulos, tibi vniuersi crediti vni sumus, nec modo ouiũ sed & pastorum tu vnus omnium pastor.

Leo. ep. 82.

prien grand Prelat & glorieux martyr asseure que le saint Pere est le chef & la racine de l'Eglise, c'est en son Epistre à Iubaianus, *Nous tenons*, (dit-il) *le chef & la racine d'vne Eglise* : & exposant plus bas quelle est cette racine il adioute : *car le Seigneur donna premierement cette puissance à Pierre, sur lequel il edifie l'Eglise & d'où il establit & monstre l'origine de l'Vnité* : & de rechef. *L'Eglise qui est vne est fondée par la voix du Seigneur sur vn qui a receu ses clefs* : En fin S. Hilaire s'escrie parlant de saint Pierre, *O bien heureux portier du Ciel, en l'arbitre duquel les clefs de l'entrée eternelle sont données*, pour monstrer qu'elles furẽt données d'vne singuliere façon à sainct Pierre, comme à celuy qui deuoit presider sur les autres comme arbitre de la iurisdiction Ecclesiastique, & non comme vn simple instrument tel que le Politique le baptise.

Nos Ecclesiæ vnius caput & radicem tenemus Nam Petro primum Dominus super quem ædificat Ecclesiam & vnde vnitatis originem instituit, & ostendit p testatem istam dedit q. Ecclesia quæ vna est, super vnum qui claues eius accepit, voce Domini fundata est. Cyp.

O beatus celi ianitor, cuius arbitrio claues æterni aditus traduntur. Hilar. in cap. 16. Math.

Dauantage, attẽdu qu'il recognoit que les Apostres ont receu les clefs de la iurisdiction essentielle de l'Eglise, il s'ensuit necessairement que celuy qui qui a herité aux Apostres doit iouyr de

leur

leur heredité. Or est-il que S. Bernard enseigne que le Pape Eugene est l'heritier des Apostres, *Tu es* (dit il) *le grãd Prestre, le souuerain Pontife, le Prince des Euesques, tu es l'heritier des Apostres*, il ne dit pas d'vn seul Apostre, ains des Apostres en plurier; & en suitte il faut dire qu'il a droit à l'heredité des Apostres, laquelle consistoit en l'essentielle iurisdiction de l'Eglise, & nõ en la seule exequution instrumẽtale: car les Apostres pouuoient ordonner & faire des canons, tant pour la foy que pour les mœurs, ce que les heretiques mesme ne nient pas, attendu qu'ils retiennent leur Symbole. Il l'appelle aussi Prince des Euesques. Or à qui appartiennent premierement & propremẽt les clefs d'vne ville, ou au Prince ou aux officiers & habitans d'icelle? Il n'y a celuy qui ne iuge que c'est au Prince: & pource quand il fait son entree dans vne ville de son Royaume, on luy met les clefs entre les mains, pour marques de sa puissance & superiorité. Et en suitte, c'est au sainct Pere à qui les clefs de l'Eglise appartiennent proprement, attendu qu'il est le Prince

Tu es Sacerdos magnus, summus Pontifex, tu princeps Episcoporum, tu heres Apostolorum, &c. l.3. de consid.

des Euesques, l'heritier des Apostres, & le Pasteur non seulement de toutes les brebis, mais aussi de tous les Pasteurs: car de luy attribuer le seul ministere des clefs, & la simple executiõ instrumentale, c'est comme si en presentãt les clefs d'vne ville à vn Prince on luy disoit qu'on entẽd neantmoins qu'il ne pourra disposer de rien, ains se contentera d'executer ce qui sera ordonné en l'assemblee de la ville.

Le Politique pour monstrer que la puissance infaillible de resoudre de tous points appartient au Concile general, & non iamais en particulier au S. Siege Apostolique, le prouue de ce que le Sauueur ayant prononcé ces mots, *dy le à l'Eglise*, il adiousta incontinẽt; Tout ce que vous lierez en terre sera lié au ciel, *d'où il appert* (dit-il) *que l'Eglise n'est pas là formellement & proprement prise pour vn seul homme, ains pour plusieurs congregez ensemble.* Mais outre que nous auons veu que nostre Seigneur donna premierement à S. Pierre les clefs des cieux, disant, ce que tu lieras en terre sera lié és cieux, il ne s'ensuit pas que cette puissance infaillible de resoudre soit desniee à S. Pierre: au contraire on peut par cecy mesme monstrer que ceste puissance luy a esté cõferee, si la preuue du Politique est valable, d'autant que la promesse faicte à vne famille composee de plusieurs, regarde premierement & principalement le chef d'icelle, qui en a le soin & la conduitte. Or est il que S. Pierre est estably le chef visible de l'Eglise, attendu que le Sauueur la establie, & fondee sur ceste pierre, & que le fondement est à vne maison, ce que le chef est à vne famille. *Le Seigneur* (dit S. Aug.) *a nommé Pierre le fondement de l'Eglise, & pource l'Eglise honore à bon droit le fondement sur lequel est esleuee la hauteur de l'edifice Ecclesiastique*, c'est à dire, de la iurisdiction. Et ensuitte la puissance infaillible de resoudre, n'est point desniee à S. Pierre. Et s'il n'auoit que la simple exequution des canons Ecclesiastiques, comment seroit-il le fondement de l'edifice de l'Eglise? Sainct Chrysostome auroit il escrit, que *Pierre est le Prince des Apostres sur lequel le Christ a fondé son Eglise*, & que c'est *vne pierre immobile?*

Petrũ itaque fundamentum Ecclesiæ Dominus nominauit & ideo digne fundamentũ hoc Ecclesia colit, supra quod ecclesiastici ædificij altitudo consurgit. Aug. ser. de cath. Petri qui est 15. de Sanct.

Chryso. ho. 27. ex variis Matth.

Et S. Cyprien que *l'Eglise est establie sur la chaire de sainct Pierre*, le Concile de Chalcedoine auroit il asseuré que *Pierre Apostre est la pierre & le piuot de l'Eglise Catholique?* Et tout cecy mõstre que la conclusiõ que le Politique tire sur la fin de son quatriesme principe est fausse, à sçauoir que ces paroles, là où deux ou trois sont assemblez en mõ nom, ie suis au milieu d'eux, *excluent necessairement l'authorité absoluë & infaillible du Pape*, car plustost elles la cõprennent entãt qu'il est le chef visible de l'Eglise, le Prince des Apostres, la pierre immobile & le piuot de l'Eglise Catholique. & pource à luy appartient le dernier iugement d'icelle, & sans l'approbation duquel les Conciles, comme nous ferons voir, ne sont estimez d'vne verité infaillible. C'est pourquoy aussi les decrets des Cõciles sont attribuez au Pape, cõme au chef souuerain. Sainct Bernard escriuant à Eugene apres auoir rapporté quelques canõs du Cõcile de Rheims adjouste: *Ce sont tes paroles, c'est ce que tu as ordonné.* Et le Concile de Chalcedoine attribue la condamnation de Dioscore à

Cyprian. de vnit. Eccl.

Petrus Apostolus est petra & crepido Ecclesiæ Catholicæ Chalcedon. Actio 3.

Verba tua sunt, hæc tu sanxisti. l. 3. de consid.

Conc. Chal. actio 3.

Leon Pape; lequel y presidoit par ses Legats: voicy les propres termes, *Sanctissimus ac beatissimus Papa caput vniuersalis Ecclesiæ Leo per nos Legatos suos, sancta Synodo consentiente, Petri Apostoli præditus dignitate; qui Ecclesiæ fundamẽtum & petra fidei & cælestis regni ianitor nuncupatur Episcopali dignitate Dioscorum nudauit, & ab omni sacerdotali opere fecit extorrem.* *Concil. Chalced. act. o. 3.*

Et pour monstrer que le iugement de la chaire de sainct Pierre est tres-ferme & sa foy infaillible, ie me contenteray du tesmoignage de deux ou trois peres de l'antiquité pour ne desgouster le Lecteur par l'abondance; outre la practique de l'Eglise qui est de rechercher tousiours la confirmation des Cõciles du sainct Siege Apostolique, comme de celuy auquel appartient le dernier iugement d'icelle. Sainct Cyprien enseigne que la cause des heresies, & des schismes ne vient d'ailleurs que du defaut de l'obeyssance qu'on doit au Prestre de Dieu, qui est Iuge en l'Eglise pour vn temps, & lequel tient la place de Iesus-Christ comme son Lieutenant en terre. *Non*

Cypr. l. 1. Epist. 3. *aliunde hereses ortæ sunt aut nata schismata quàm inde quod sacerdoti Dei non obtemperabatur, nec vnus in Ecclesia ad tempus sacerdos & ad tempus iudex vice Christi cogitatur.* Or quand vn Prince s'absente de son Royaume, & qu'il laisse vn Lieutenant ou Viceroy en sa place, il luy donne le pouuoir qu'il a d'ordonner & de commander absolument, ou mesme en sa presence, comme fit iadis Pharao à Ioseph ; & s'il auoit le pouuoir de luy donner vn iugement infaillible (comme il semble que Pharao recogneut en la personne de son Lieutenant, à cause de sa prediction & interpretation tres-certaine) il n'y a point de doute qu'il ne le luy desnieroit pas pour le bien & asseurance de son Estat. Et puis que le saint Pere est le Prestre & le Iuge, qui tient pour vn temps la place de Iesus Christ comme son Lieutenant, [illegible] que le Sauueur auoit pouuoir de donner à sainct Pierre vn iugement infaillible, on ne peut raisonnablement douter que la chaire de saint Pierre ne soit infaillible en ses resolutions, veu mesme que le Sauueur asseure saint Pierre, que sa foy ne manqueroit iamais apres estre conuerty, afin de confirmer ses freres. Et pource à bon droit saint Cy[illegible] parle d'vn Iuge en l'Eglise, pour donner iugement en la place de Iesus-Christ, comme iadis le grand Prestre de la Loy iugeoit en sorte qu'il faloit tenir son iugement sur peine de la vie: Et attribue la cause des schismes & des heresies au defaut d'obeyr à ce Prestre & à ce Iuge; car celuy qui ne se tient ferme à cette pierre immobile, sur laquelle le Sauueur a fondé son Eglise, ne peut se garantir des tempestueuses vagues de l'erreur. Et c'est vne grande consolation d'auoir vn Prince qui peut porter vn iugement certain, lors que nous le consultons sur quelque point de controuerse pour le salut de nostre ame sans attendre l'assemblée d'vn Concile general; car à peine pourrions nous en voir vn seul en toute nostre vie, & principalement si, comme veut l'aduersaire, tous les Prestres de la Chrestienté qui ont charge d'ames y doiuent assister & y donner leur suffrage. *Deuter. 17.*

Saint Hierome estoit bien mieux

aduisé en son temps, & ne pensoit pas se faire tort de consulter le S. Siege ez difficultez qui se presentoient : car voyant plusieurs heresies qui n'aissoient en l'Eglise chacun voulant forger vne foy à sa poste, proteste de se tenir tousiours à la chaire de saint Pierre ne trouuant point de port plus asseuré contre les diuerses vagues de l'heresie, ny de plus ferme rocher pour l'asseurance de sa foy, combien qu'il fut tres-docte, tres-bien versé aux langues, & d'vne tres-grande lecture, & vn homme qui ne cedoit à personne en matiere de doctrine, tesmoing Ruffin, sainct Augustin & autres. Voicy donc ce qu'il escrit au Pape Damase : *Ego nullum primum nisi Christum sequens beatitudini tuæ, id est, cathedræ Petri communione consocior, super illam petram ædificatam Ecclesiam scio.* Et peu apres, *Quicumque tecum non colligit spargit, hoc est, qui Christi non est antiChristi est.* Que pouuoit dire ce docteur plus apertement pour monstrer que la foy & le iugement de la Chaire Apostolique est infaillible ? car il declare qu'il se ioint au Pape & à la chaire de saint Pierre, d'autant qu'il

Hieron. Epist. 57.

qu'il sçait que l'Eglise est edifiée sur cette pierre, & dit que celuy qui n'amasse auec luy, ne fait que respandre. Qu'est-ce à dire que celuy là respand qui ne veut recueillir auec le saint Pere ? c'est à dire (dit il) celuy qui n'est auecques Christ tient le party de l'antechrist. Ce docteur est bien hardy de ioindre tellement le sainct Pere auec Iesus-Christ, que celuy qui ne tient de son costé tient le party de l'antechrist, & montre en suite que sa foy est tres-certaine, cõme estãt inseparablement attaché auec Iesus-Christ qui est la mesme verité, non comme personne priuée, ains comme Lieutenant du Sauueur pour confirmer ses freres. Il escrit derechef en l'Epistre suiuante, que celuy là est des siens qui se ioint à la chaire de sainct Pierre, *Ego interim clamito, si quis cathedræ Petri iungitur meus est* : Et le Politique mesme confesse qu'il demanda au Pape Damase la resolution d'vn point de foy, combien qu'il fut plus docte que luy & mieux versé en l'Escriture. Et pourquoy cela? si ce n'est d'autant qu'il estoit asseuré de la foy infaillible du sainct Siege

Les heretiques de nostre temps qui sont si enragez d'appeler le Pape l'antechrist sõt bien esloignez de la sentence de sainct Hierome.

Hiero. Ep.

Apostolique. Sainct Augustin tesmoigne aussi que les superbes portes d'enfer ne peuuent surmonter cette Pierre Et pource le iugement des controuerses n'appartient pas seulement au Concile general de l'Eglise, mais aussi au S. Siege Apostolique.

Et semble que de là est arriué que tous ceux qui auoient iadis vne sincere foy & vrayement Catholique furent appellez Romains, cōme nous sommes à present à cause de la foy immobile & immuable du siege Romain: car Irenée escrit que toutes les Eglises du monde doiuent conuenir auec la Romaine à cause de sa principale principauté, & aussi parce que la traditiō Apostolique
Iren. l. 3. y a tousiours esté gardee, *ad hanc enim propter principaliorem principalitatem necesse est omnem cōuenire Ecclesiam, hoc est, eos qui sunt vndique fideles; in qua semper ab his qui sunt vndique, conseruata est ea quæ est ab Apostolis traditio.* Et S. Cypriē a creu que la loüange que l'Apostre
Rom. 1. donne à la foy des Romains, disant, *vostre foy est preschee par tout le mōde*, a esté vne prophetie, pour monstrer que cete foy garderoit tousiours sa vigueur & sa force en la posterité. *Claruit, fratres cha-*

rißimi, fides, quam de vobis beatus Apostolus prædicauit: hanc laudem virtutis & roboris firmitatem iam tunc in spiritu præuidebat, & præconio futurorũ merita vestra contestans, dum parentes laudat, filios prouocabat. Et comme iadis tous ceux qui estoient assuiettis à l'Empire Romain furent annoblis du nom Romain par ordonnance du Senat : de mesme il est arriué par la diuine prouidence, que tous ceux qui auoient la foy Catholique ont esté appellés Romains, & l'Eglise Catholique & Apostolique appellee Romaine. Cela se peut mesme recueillir du tesmoignage du ieune Theodose, lequel escriuant à Acacius Euesque de Beroé, *declarés vous* (dit-il) *par vn manifeste argument que vous estes Prestres approuuez de la religion Romaine.* Et mesme les heretiques auoient coustume d'appeller Romains les Catholiques: d'où vient que Victor d'Vtique faict ainsi parler Iocundus Euesque Arrien au fils du roy, *Si tu le tuë auec l'espee, les Romains cõmenceront à le prescher martyr.* c'est à dire, les Catholiques le tiendront pour vn martyr. Gregoire de Tours rend pareil tesmoignage en

Cypr. Ep. 57

Vos probatos Romanæ religionis sacerdotes esse manifesto argumento declarate. In act. Concil. Ephes. tom. 5.

Si gladio peremeris, incipient Romani martyrem predicare Victor. Vticen de persec. Vand. l. 2.

son liure de la gloire des martyrs. C'est pourquoy sainct Hierosme escriuant contre Ruffin dit, La foy qu'il appelle sienne, est-ce celle qui est en vigueur en l'Eglise Romaine? ou celle qui est cõtenue dans les volumes d'Origene? S'il respõd que c'est la Romaine, nous sommes donc Catholiques, veu que nous n'auons rien rapporté de l'erreur d'Origene. *Fidem suam quã vocat, eamne qua Romana pollet Ecclesia? an illam quæ in Origenis voluminibus continetur? Si Romanam responderit; ergo Catholici sumus, qui nihil de Origenis errore transtulimus.*

Hiero. Apolog. aduers. ruffin

Et d'autãt que le politique attribue la resolutiõ de toutes les cõtrouerses au Cõcile general, sãs en laisser à tout le moins quelque petite partie: au S. Siege voyons vn peu la forme que nostre Seigneur dõna pour tenir vn Cõcile, & la façon dont il y proceda pour seruir, comme de modele aux autres. Le fils de Dieu estant en Cesarée de Philippe, demanda vn iour à ses Apostres qui estoient assemblez autour de sa personne, ce qu'on disoit du fils de l'homme? Les Apostres luy ayant respondu & declaré l'opinion qu'on en auoit, à sçauoir que les vns disoient qu'il estoit Elie, les autres Hieremie, autres, Iean Baptiste. Et vous (dit-il apres) que dites vous de moy? Alors S. Pierre prenant la parole pour tous dit, *Tu es le Christ fils du Dieu viuant*. Et Iesus-Christ luy repartit, *Tu es bien-heureux Simon Bariona, car la chair & le sang ne t'a point reuelé cecy, ains mon pere qui est aux cieux, & ie te dy que tu és pierre, & sur cette pierre ie bastiré mon Eglise, & les portes d'enfer ne pourront preualoir contre icelle: & ie te donneray les clefs des cieux, & tout ce que tu lieras en terre sera lié aux cieux, &c.* Voyez icy comme le Sauueur monstre la façon de celebrer vn Concile. Il renuoye premieremēt tout le peuple & retient les seuls Apostres, & apres auoir fait sa priere auec eux, il propose la question du sommaire des choses, & tenant vn ordre merueilleux il destruit premierement les erreurs pour apres mieux establir la verité, car il demāde en premier lieu quelle opinion auoyent ceux de dehors du fils de l'hōme: & voyant qu'ils ne luy rapportoient que choses friuoles & impertinentes, il demande leur propre aduis & sentence: alors sainct

Math. 16.

Pierre, qui estoit le premier, non en aage, mais en dignité, donne vne telle sentence qu'il definit la cause, & iuge ce que tous les autres deuoient tenir, faisant vn canon de la foy pour durer à iamais : De sorte que nostre Seigneur ne demanda point l'aduis des autres se contentant de celuy de Pierre, cõme tressolide & inspiré de Dieu le Pere par l'entremise du S. Esprit.

C'est pourquoy voulant aussi pouruoir à l'Estat de son Eglise, il a laissé vn chef visible en icelle pour decerner des choses necessaires selon l'exigence du temps, & auquel tous rendissent obeyssance. Ce que tant de droit diuin que humain a tousiours esté obserué de toutes les nations du monde: car qui ne sçait que Dieu establit vn souuerain Pontife parmi les Hebreux pour presider sur tous les Prestres? voicy ce qu'en dit Iosephe, outre le tesmoignage des Sainctes lettres: Quelle loy (dit-il) peut estre meilleure & plus iuste que celle qui asseure que Dieu est le Prince de tous & qui permet voiremẽt aux Prestres en commun de dispenser des choses principales, mais qui donne raisonnablemẽt au souue-

Ioseph l. 2. contr. Apion.

rain Pontife la principauté sur tous les autres Prestres? Ie ne me veux arrester à faire voir en particulier que cela mesme a esté pratiqué en toutes Republiques biẽ policees : & me contẽte de monstrer auec le bout du doigt vn exemple pour tous en la Republique Romaine, là où le souuerain Pontife auoit nõ seulemẽt vn Empire sur tous les Prestres, mais aussi sur tous les magistrats. Il y auoit aussi vn Prestre en la Republique d'Athenes qui recueilloit les aduis & suffrages d'vn chacun en l'Areopage. Iosephe en rapporte vn decret qui fut fait du regne d'Agatocles. Et pource il ne faut s'esbahir si Iesus-Christ qui n'estoit pas venu pour supprimer la loy, tant escrite que de nature, à voulu obseruer le mesme en l'establissemẽt de son Eglise. Et cõbien que ce grãd Dieu gouuerne tout l'vniuers par sa diuine prouidẽce, cela n'empesche pas pourtãt qu'il ne se serue des principautez, tãt au Ciel qu'en la terre, pour commãder aux autres: De mesme biẽ que le Sauueur soit Prince, autheur & moderateur de son Eglise, il a voulu neanmoins establir en icelle quelque principauté & monarchie la-

Ioseph. antiq. l.14. c. 16.

Non veni soluere legem, sed adimplere Math. 5.

quelle il a cõferé à S. Pierre pour estre continuee en ses successeurs. Et comme aucun ne peut poser autre fondement que celuy qui est posé, à sçauoir Iesus-Christ, ainsi que tesmoigne l'Apostre; de mesme aucun ne pourra ietter autre fondement que celuy que Iesus-Christ a posé, disant, Tu es Pierre & sur cette pierre ie bastiray mon Eglise; & les portes d'enfer ne pourront preualoir contre icelle.

C'est ce que le grand S. Basile confirme auec beaucoup de lumiere quãd il dit. *Etiam si petra est non vt Christus petra petra est, sed vt Petrus petra, Christus enim reuera petra incõcussa est; Petrus vero propter petram: largitur enim Iesus suas dignitates, & non euacuatur sed habens dat.* Est il possible de parler plus proprement en faueur de Sainct Pierre que fait ce pere? Il dit qu'il n'est pas vne pierre comme Iesus-Christ, d'autant que sa puissance releue de Iesus-Christ, mais que le Sauueur estãt vne pierre de soy immobile & inesbranlable, Pierre est aussi vne pierre immobile à cause de la pierre Iesus C. d'autant que Dieu depart ses dignités en sorte qu'il les dõne en les possedãt.

Basil. concio. de pænit. 28.

Et de là il s'ensuit que la foy de Pierre est inesbranlable, & que d'ailleurs il n'est pas vn simple instrument & organe de l'Eglise, pour executer ses loix, & luy obeir, ains pour les luy donner: si le Politique ne vouloit dire que le Sauueur les receuoit de son Eglise: car le Sauueur luy a donné ses dignitez, sans toutesfois les perdre: *c'est vne lumiere* (poursuit ce Docteur) *& toutefois il dit: Vous estes la lumiere du monde; c'est le Prestre, il fait neantmoins le Prestre, c'est la pierre, il fait la Pierre.* Or comme le Prestre est proprement tel, & non comme vn simple instrument, combien que le Sauueur soit le premier, le souuerain, & l'eternel Prestre, selon l'ordre de Melchisedech: ainsi saint Pierre est vne pierre inesbranlable, à cause de la constance de sa foy & infaillible resolution, combien que ceste fermeté releue toujours de celle de Iesus Christ, qui est de soy & par soy infaillible en ses loix, & la mesme verité. Et si la foy de S. Pierre eust esté flottante & incertaine apres qu'il fut cõfirmé chef visible de l'Eglise, à sçauoir apres la resurrection du Sauueur, sur quelle fermeté eust esté fondée ceste Eglise? sur qui se fust-elle appuiée? Possible sur les autres Apostres?

Super vnum montium Christus fundat Ecclesiam, & loquitur

ad eum: Tu es Petrus, & super hanc petram.
Hieron. in Isa. cap. 2.

Mais le Sauueur ne fait ceste promesse qu'à saint Pierre, & non aux autres : & sur ceste Pierre (dit-il) i'edifieray mon Eglise. Outre qu'il auoit prié pour luy particulierement, afin qu'il confirmast ses freres.

Petra n. dicitur quod primus in nationibus fidei fundamenta posuerit, & tanquam saxum immobile totius operis Christiani compagem molemque contineat. Ambr. serm. 47. de fide Petri.

Saint Ambroise apres auoir consideré la force de ces parolles, declare que Pierre est pour ceste raison appellé vne pierre: *Car il est* (dit-il) *appellé vne pierre, d'autãt qu'il a le premier posé les fondements de la foy parmy les nations, & comme vn caillou immobile, il contient l'assemblage, & la pesanteur de toute l'œuure Chrestienne.* Nous voyons aussi qu'en la seule chaire de saint Pierre la verité infaillible est tousiours demeurée depuis son premier establissement, & non és autres chaires mesme patriarchales, & que la succession des Pontifes Romains a tousjours continué depuis saint Pierre iusques à present, où il se trouue deux cents quarante & tant de Papes. C'est pourquoy S. Augustin n'auoit point de plus fort rampart contre les Donatistes, que la force de ceste succession, & la verité solide d'icelle.

August. in psalm. contra partem Donatist. to. 7.

Numerate Sacerdotes, vel ab ipsa Petri sede, & in ordine illo patrum, quis cui successit, videte, ipsa est Petra, quam non vincunt superbæ inferorum portæ.

Remarquez ie vous prie les parolles de ce grand Docteur: Il ne se contente pas de monstrer la succession continuelle des Pontifes Romains, mais aussi attribue à la chaire de saint Pierre ce que le Sauueur auoit dit: & sur ceste pierre i'edifieray mõ Eglise, & les portes d'enfer ne preuaudrõt contre icelle: car c'est (dit-il) ceste pierre laquelle les superbes portes d'enfer ne peuuent surmonter. Et par les portes d'ẽfer faut entendre les heresies, l'erreur, & le mensonge, ainsi que remarque saint Epiphane parlant de saint Pierre. *Ipse Dominus constituit eum primum Apostolorum, Petram firmam super quam Ecclesia Dei ædificata est, & portæ inferi non valebunt aduersus illam: portæ enim inferorum sunt hereses & heresiarchæ.* Saint Hierosme qui ne se lasse point de rendre souuent le mesme tesmoignage d'autant qu'il ne trouuoit point de plus fortes armes pour combattre les heretiques de son temps: & pource escriuant contre les Pelagiens, il dit parlant de saint Pierre, *Sicut ille princeps philosophorum, ita hic Apostolorum super quem Ecclesia Domini stabili mole fundata est, quæ nec impetu fluminis, nec vlla tempestate concutitur.* Car si l'edifice ne peut estre renuersé par aucune tempeste,

Epiphan. in Ancorat.

Hieron. aduers. Pelag.

les fondements sur lesquels l'edifice est porté, ne sont pas moins asseurez : or il declare que l'Eglise, qui est inesbranlable, est fondée sur saint Pierre, *sur lequel* (dit-il) *l'Eglise du Seigneur est fondée d'vne stable pesanteur.* Il s'ensuit donq que saint Pierre a vne foy & resolution infaillible, entant que lieutenant de Iesus-Christ. Tellement que par le tesmoignage de tous ces anciens, la verité infaillible n'est pas seulement en toute l'Eglise congregée ensemble, mais aussi en la chaire de saint Pierre, qui est la pierre laquelle ne peut estre esbranlée ny brisée des heresies, non plus que des heresiarques: & de laquelle la sentence du Sauueur peut estre verifiée: *Celui qui tombera sur ceste pierre sera brisé, & elle brisera celuy sur qui elle tombera.* Comme aussi les Pontifes Romains ont ordinairement rompu & brisé les heresiarques, par exemple, saint Pierre vn Simon le magicien, Cornelius les Nouatiens: Melchiades, les Donatistes : Syluestre les Arriens: Damase, les Macedoniens : Celestin les Nestoriens. Innocent les pelagiens: Leon les Eutichiens, &c. C'est pourquoy Meuda presidant au cõcile d'Ephese, dit, *Nous suiuons le siege Apostolique & luy obeissons,*

Matth. 21.

Nos Apostolicam sedem sequimur & obedimus, & ipsius cõmunicatores, cõmunicatores habemus, & damnatos ab ipsa, hos etiã condemnamus.

& communiquons auec ceux qu'il communique, & ceux qui ſont condamnez de luy, nous les condamnons außi.

Ie ſçay que le Politique oppoſe que *la puiſſance de regir l'Egliſe deriue de Chriſt immediatement, toutefois auec ordre & proportiõ, tout ainſi qu'en France les iuges & magiſtrats, bien qu'ils ſoient inferieurs à la cour de Parlement, mandient neantmoins leur authorité autant immediatement que les Parlements, car les choſes qui ſont de Dieu ſont ordonnées Rom.3.* Mais la miſſion immediatement conferée de noſtre Seigneur à ſes Apoſtres & Diſciples n'empeſche point la principauté qu'il a donné à S. Pierre par deſſus eux: tout ainſi que Dieu ayant faict immediatemẽt toutes les creatures, a neantmoins eſtabli l'hõme Roy & ſeig. de tout le reſte des animaux. Et on n'a iamais nié que la puiſsãce de regir l'Egliſe n'ayt eſté immediatement conferée aux Apoſtres, quand le fils de Dieu leur dict: Ie vous enuoye comme mon Pere vous a enuoyé &c. & ceux auſquels vous remetrez les pechez ils ſeront remis. Et on ſçait bien que l'Apoſtre demande : *comment preſcheront-ils s'ils ne ſont enuoyez?* Mais nous diſons conformément aux ſainctes lettres, que la

Pag. 3.

puissance ordinaire a esté donnée à sainct Pierre, afin que ses successeurs y eussent mesme droict, & que la puissance donnée aux autres Apostres a esté voirement immediate, mais non ordinaire pour estre continuée en leurs successeurs, ains comme à des Legats & Ambassades. Car en la naissance de l'Eglise il a esté necessaire pour semer promptement la foy de l'Euangile sur toute la terre, qu'vne pleine puissance fust concedée aux premiers predicateurs & fondateurs des Eglises, mais les Apostres estans decedez la plaine puissance Apostolique est demeurée en son entier au seul successeur de S. Pierre, car aucun Euesque n'a jamais eu le soin & la cure de toutes les Eglises fors l'Euesque de Rome, & luy seul a esté appellé de tous le Pontife Apostolique, & son siege seul par excellence le Siege Apostolique. C'est pourquoy aussi S. Bernard escrit à Eugene Pape, qu'il est l'heritier des Apostres & le Prince de toute la possession du Seigneur, dautant qu'il a toute la mesme puissance des Apostres.

Et ce S. Siege a tousiours eu tant de creance, de fermeté & d'authorité, que S. Hierosme qui ne croyoit pas de leger, dict neantmoins escriuant contre Ruffin, *Ie m'estonne comment les Euesques ont receu ce que le Siege Apostolique a condamné.* Et S. Augustin en son Epistre 162. *En l'Eglise Romaine* (dit-il) *tousiours la principauté de la Chaire Apostolique a eu vigueur.* No⁹ ne voulōs pas pourtant nier que aucune authorité apostolique n'ait emané à Messieurs les Euesques, veu mesme que Anaclet les appelle successeurs des Apostres, car nous sçauons qu'ils font chascun en son Eueschè la fonction d'Apostre, & que c'est vn diuin benefice qui leur est attribué par l'Apostre entre les ministres de la saincte Eglise *pour la consommation des Saincts.* Mais la verité est, & la practique de l'Eglise le monstre, que chascun d'eux n'a pas la puissance & iurisdiction apostolique sur toute la terre comme auoient les Apostres en particulier, d'autant que celle d'vn Euesque ne s'estend qu'en son Eueschè: mais celle du S. Siege apostolique estant ordinaire retient la mesme puissance des Apostres, & s'estend sur toute l'Eglise vniuerselle. Et vn Euesque ne peut enuoyer des predicateurs hors de son Eueschè & aux prouinces estrangeres pour prescher l'Euangile n'ayant que le soin du troupeau qui

Dist.21. can. Innoc.

luy est commis, suiuant ce que dit S. Pierre, *Repaissez le troupeau qui est en vous.* Au lieu que le Sauueur dit à S. Pierre: Repais mes brebis, repais mes aigneaux, pour mõtrer qu'il deuoit auoir le soin vniuersel de tous les Chrestiens qui sont les brebis & les aigneaux de nostre Seigneur. Et s'il n'y auoit vn Chef & pasteur vniuersel par dessus les autres pour enuoyer des Docteurs & Predicateurs aux prouinces esloignées & aux pays barbares comment seroit verifié le dire de l'Apostre *comment prescheront-ils s'ils ne sont ennoyez?* C'est pourquoy aussi S. Bernard rapportant ce que dit le Prophete de tous les Apostres Ps. 44. *Tu les establiras Princes sur toute la terre*, dit à Eugene Pape, *tu as succedé à leur heredité, ainsi tu es heritier & l'heredité de tout le monde.* Et le mesme l'appelle *le Pasteur des pasteurs, & le Prince de toute la possession du Seigneur*

1. Pet. 5.

Bern. l. 3. de consider.

Et puis quand le Sauueur enuoya immediatement tous ses Apostres & Disciples il donna neantmoins la principauté à S Pierre, establissant son Eglise sur cette Pierre, & luy donnant vne speciale charge sur toutes ses brebis; apres luy auoir demandé s'il l'aymoit plus que tous les autres

tres Et luy obtint vne foy ferme & asseurée, affin que estant conuerty il confirmast ses freres. Et semble que S. Paul recognoissant cette superiorité en luy le fut trouuer en Hierusalem trois ans apres sa conuersion, ainsi que luy-mesme le tesmoigne Gal. 1. Et à ce propos S. Chrisostome escrit en vne sienne Homilie, dautant que Pierre estoit le prince & le chef de cette compagnie, Paul à cette occasion monta pour le voir plustost que les autres, & S. Ambroise, c'estoit (dit-il) chose digne d'auoir la volonté de voir Pierre, auquel le Seig. auoit commis le soin des Eglises. S. Hierosme escrit aussi en ses Commentaires sur ce passage, Il y fut non pour le desir d'apprendre, ains pour rendre l'honneur deub au premier Apostre. En fin Tertulien en son liure des prescriptions, Il monta (dit-il) en Hierusalem pour cognoistre S. Pierre, par deuoir & par le droict de la mesme foy & predication. Partant cette mission immediate des Apostres n'empesche point que le fils de Dieu n'ait donné à S. Pierre la souueraineté sur tous les Apostres & sur toute son Eglise comme à son Vicaire & Lieutenant general: tout ainsi qu'vn Roy qui crée im-

Quia os Apostolorum Petrus erat princeps, & vertex ipsius cætus, propterea Paulus ascẽdit eum videre præaliis. hom. 18. in Ioan.

Dignum erat vt vellet videre Petrum cui delegauerat Dominus curam Ecclesiarum. Ambros. in cap. 1. ad Gal.

Iuis non discendi studio, sed honoris priori Apostolo deferendi. Hieron.

Ascendit Hierosolymam Petri cognoscendi causa ex officio & iure scilicet eiusdem fidei & prædicationis Tertull.

mediatement des Iuges & des Magistrats inferieurs aussi bien que la Cour de parlement peut neantmoins donner au dessus vne pleine puissance à vn Viceroy soit en sa presence soit en son absence; comme nous voyons que cette grande princesse la Royne Regente mere de nostre Roy tres-Chrestien a vne souueraineté soubs l'authorité de son fils, nostre souuerain Maistre & Seigneur. Tous sont immediatement establis du prince, mais vn Viceroy est par dessus tous apres le Roy. Ainsi fut iadis Ioseph lequel eut pleine puissance soubs le Roy pharao, ainsi le prefect *à pretorio* soubs les premiers Empereurs. Ainsi saint pierre soubs Iesus Christ en son Eglise. Et cela ne fait aucune iniure à Iesus Christ au contraire sa gloire en est dautant plus releuée, car nous ne disons pas que le pape soit chef de l'Eglise auec Iesus Christ, ains soubs Iesus Christ, cõme son Vicaire & Lieutenant: & la gloire d'vn prince n'est pas diminuée en establissant soubs luy vn Viceroy ains elle est dautant plus grãde; car deslors qu'on entend qu'il y a vn Viceroy, on pense aussi tost que le Roy est Chef & Seigneur de son Royaume d'vne façon plus noble & plus releuée,

Ioinct qu'il s'en faut bien que le Pape n'ayt la plenitude de la puissance de nostre Seigneur : car le Sauueur regit toute l'Eglise qui est au ciel, en terre & en purgatoire, & non pour vn temps, comme faict le Pape, ains depuis le cōmencement du monde iusques à la fin; & peut faire des loix, instituer des Sacremens, conferer la grace mesme sans l'vsage d'iceux : là ou le Pape ne gouuerne que cette partie de l'Eglise, qui est sur la terre, durant sa vie, & ne peut changer les loix de Iesus Christ, ou instituer des Sacremens, ny remettre les pechez sans leur vsage : Il ne peut aussi chãger les canons de la foy qui ont esté faicts par vn Cōcile general, dautant qu'ils sont inuiolables : Et en ce sens faut entendre la sentence du Pape Zozime escriuant aux Euesques de France, laquelle est alleguée par l'aduersaire 25. q. 1. can. *Contra statuta patrum cōdere aliquid vel mutare nec huius quidem sedis potest auctoritas, apud nos enim inconuulsis radicibus viuit antiquitas cui decretis patrum sanxere reuerentiam*, & ce que dict Gregoire le Grand *Qui se quatuor concilia generalia venerari fatetur sicut quatuor libros sancti Euangelij*. Car les Decrets de la foy sont inuiolables. Et encore nous ne disons Pag. 11.

pas qu'il ne puisse errer comme Docteur particulier, ains seulement lors qu'il oblige par vn sien Decret toute l'eglise vniuerselle, car c'est lors principalement qu'il parle en pape & non comme particulier Docteur: Voire mesme quād il seroit heretique en son ame, Dieu ne permettra iamais qu'il fasse vn Decret contre la foy ou les bonnes meurs pour obliger toute la Chrestienté soubs anatheme, ains il l'appelleroit plustost à soy, comme il fit iadis du pape Iean XXI. pour garantir son eglise de tout erreur, par ce qu'il nous à obligé de suiure ses ordonnances, comme celuy qu'il a estably Chef visible d'icelle.

Et encore on sçait bien qu'il ne fait pas des ordōnances sans cōseil de si peu d'importance qu'elles soient, ains consulte le tres-illustre College des Cardinaux qui sont choisis ou des plus nobles familles, ou à cause de leur rare doctrine, solide iugemēt & experience aux affaires. Mais ceux qui sont peu affectionnez au sainct Siege Apostolique dépeignent le pape comme vn tyran, qui à la volée & sans conseil dispense, ordonne & fait tout ce qui luy vient en phantasie sans auoir esgard à la necessité & au bien general ou particulier de l'Eglise, & ce afin de le rendre odieux à tout le monde. Et ne prennent pas garde qu'ils forment vn schisme sans y penser, comme le Politique. Et si luy mesme en son cinquiesme principe dit que *la frequente celebration des Synodes est absolument & simplement necessaire pour mieux & plus sainctement regir l'Eglise.* Pag. 13.

Pourquoy ne veut-il recognoistre que cette tres-noble & fameuse assemblée des Cardinaux supplée à ce defaut, & qu'elle n'est pas moins iudicieuse (sans parler du saint Pere) que le Concile prouincial ou national des Euesques d'vne prouince? car de penser tenir souuent des Conciles generaux, on sçait la longueur & la difficulté qu'il y a, & que d'ailleurs l'abondance des loix ne termine pas les differents, ains il faut tousiours vn magistrat, qui est comme la loy viue & animée, pour iuger des procés, & concilier les endinomies, & la diuersité des loix, lesquelles semblent aucunefois s'entre-heurter. C'est pourquoy le saint Siege Apostolique est estably sur toute la Chrestienté pour seruir d'vne loy viue & animée, & mesme pour faire des loix quand la necessité y eschet, ayant toute la puissance que le Sauueur du môde a laissé en terre pour le bien de son Eglise. Et on ne doit trouuer cecy estrange: car le grand Prestre de la loy ancienne auoit pareille puissance sur l'Eglise ancienne, comme il appert au Deuteron. 17. & en diuers autres lieux. Et les Payens mesme, comme les Romains qui estoient si sages & prudents, donnoient autant ou plus de pouuoir à leur grand Pontife, iusques à là qu'il pouuoit à cause de la religion empescher de tenir le Conseil, ou le rompre, mesme pouuoit deposer les Cōsuls, combien qu'il ne fut estably que par eux mesmes, & non de Dieu, & qu'il n'eust la promesse que le Sauueur a fait à sainct Pierre & à ses successeurs.

Cic. de Legib. [l]ib. 2. [T]acit. de mo-[r]ib. German. [illegible]ler lib. 2.

Le politique pose vn autre fondement, (qui n'est à vray dire que rebatre mesme chose) par lequel il maintient que S. *Pierre est seulemēt dispensateur & chef ministeriel, nō Seigneur ou fondateur de l'Eglise, car cela* (dit il) *appartient à vn seul Christ chef essentiel, par lequel & pour lequel l'Eglise subsiste: c'est pourquoy il parle ainsi à* Pierre. Math. 16. Tu és Pierre, & sur ceste pierre ie bastiray mon Eglise. *Oyez vous il ne dit pas ton Eglise, ou les portes d'enfer ne preuaudront contre toy. Semblablement* Ioan. 21. Repais mes brebis

[illegible] 5. & 6.

repais mes agneaux, *Il ne dit pas tes brebis, ou tes agneaux, pour monstrer que les Ecclesiastiques estoient appellez à vne pure dispensation ou administration, & non à quelque domination temporelle ; ou principauté simplement & absolument monarchique. Les Rois des peuples leur commandent, mais vous non pas de mesme.* Luc 22.

Premierement nous ne disons pas que saint Pierre soit le premier & principal fondateur de l'Eglise, si on a esgard à Iesus Christ; car il n'y a celuy qui ne confesse librement, & qui ne proteste hautement que le Sauueur du monde est le premier, essentiel & souuerain fondateur de son Eglise : mais si on compare saint Pierre auecq les autres Apostres, nous maintenons conformement à l'Escriture, & au tesmoignage des anciens, que saint Pierre est le premier & principal fondateur de la mesme Eglise sous Iesus Christ, comme son lieutenant general, auquel il a dit : Tu és Pierre, & sur ceste pierre ie bastiray mō Eglise. C'est ce que nous venons de voir auec tant de clarté, que le Soleil n'est point plus clair en son midy deuant tout homme qui en voudra iuger sans passion.

Et n'est pas de merueille si nostre

Seigneur n'a point dit: *Repais tes brebis, repais tes agneaux*, d'autant que le fils de Dieu est le souuerain pasteur de nos ames, & qu'on eust peu douter du soin qu'il a de ses brebis; s'il eust dit à saint Pierre *Repais tes brebis*, attendu que quand il menaçoit les Hebrieux d'vn grand desastre & malheur, il faisoit dire par ses Prophetes que ce peuple ne seroit plus appellé son peuple : & neantmoins ce sont les brebis de saint Pierre, d'autant qu'il les luy a commises, comme à son lieutenant. C'est ce que S. Leon confirme, disant: *Sicut meus pater tibi manifestauit diuinitatem meam, ita ego tibi notam facio excellentiam tuam, quia tu es Petrus, id est, Cùm ego sim inuiolabilis petra, ego lapis angularis qui facio vtraque vnũ: Ego fundamentum præter quod nemo potest aliud ponere; tamen tu quoque petra es, quia mea virtute solidaris, vt quæ mihi potestate sint propria, sint tibi mecum participatione communia.* Sainct Ambroise escrit aussi, *Que le Seigneur monta sur ceste seule nauire, en laquelle Pierre est astably maistre, le Seigneur disant, I'edifieray mon Eglise sur cete pierre.* Et peu apres, *Comme l'arche de Noé lors que le monde faisoit naufrage cõseruatous ceux qu'elle a*

Voca nomen eius non populus meus, quia vos non populus meus Ozea cap. 1.

S. Leo serm. de anniuer. die Assumpt.

Ambr. in c. 12 epist. ad Cor. Sicut enim Noe arca, naufragante mũdo, cunctos quos susceperat, incolumes reseruauit, it a & Petri Ec-

le a receu : ainsi l'Eglise de S. Pierre lors que le monde bruslera, representera tous ceux qu'elle contient sans estre interessez : & comme alors le deluge estant passé la colombe porta le signe de la paix en l'arche de Noé ; ainsi le iugement estant faict, Iesus Christ porte la ioye de la paix à l'Eglise de Pierre. Voyla comme ce pere enseigne que le Sauueur a estably sainct Pierre maistre du nauire de l'Eglise. Or est il qu'vn maistre de nauire n'est pas estably pour obeyr aux mariniers, & pour estre gouuerné de son nauire, ains pour gouuerner & leur donner la loy : Comment est ce donc que le Politique dit que le Sauueur n'a point donné la iurisdiction Ecclesiastique à sainct Pierre? Dauantage ce pere dit par deux fois que l'Eglise est l'Eglise de saint Pierre, & neantmoins il n'est point contraire en cecy à nostre Seigneur disant que c'est la sienne, car le Sauueur donnant son Eglise en gouuernement à sainct Pierre, & la fondant sur cette Pierre ne pouuoit pas dire : Ie te donne ton Eglise, ou ie edifieray ton Eglise sur cete pierre, comme vn Roy donnant vn gouuernement à quelque Gentilhõme, ne dira pas, Ie te donne ton gouuernement, & neantmoins on pourra dire apres que c'est le gouuernement d'vn tel. Et quand nous di-

clesiam Petr. Christus gaudium pacis refert. Ibid.

sons que S. Pierre est le Chef visible de l'Eglise & Lieutenant de Iesus Christ en terre, & qu'il a les clefs de la jurisdiction Ecclesiastique cōme prince & pasteur, pour regir & ordonner, nous entendons que le Sauueur est tousiours le premier, essentiel & principal autheur, moderateur & prince de l'Eglise, & confessons auec S. Basile que Iesus Christ *depart ses dignitez non en les perdant, ains en les possedant il les donne.* Ainsi Pharao establit Ioseph sur son Royaume en qualité de Lieutenant general, auec plein pouuoir de commander & ordonner de toutes choses, & nō pour executer seulement ses ordōnances ou celles du Royaume. *Tu seras* (dit-il) *sur ma maison, & tout*
Genes. 41. *le peuple obeyra à l'Empire de ta bouche, ie ne te precederay que du seul throsne de la Royauté.* & Pharao dit derechef à Ioseph: *Voicy que ie t'ay estably sur la terre vniuerselle d'Egypte &c. sans ton commandement aucun ne remuera la main ny le pied en toute la terre d'Egypte.* Et s'il est permis de ioindre l'Histoire prophane auec la sainte, chascun sçait que le Roy Louys XI. fit expedier vne commission à
Philippe de Commines reueu par Mathieu. Palamedes Forbin pour prendre possession de la Comté de Prouence: *Et de commander au pays en qualité de Lieutenant general auec pouuoir d'ordonner absolument des offices, instituer & destituer les officiers, remet-*

tre, quitter & abolir les crimes, confirmer ou renoquer les anciens priuileges, en ordonner de nouueaux, assembler les Estats, imposer deniers, &c. & neãtmoins le Roy demeuroit tousjours le premier & principal Seigneur de la prouince. Que si ces deux grands princes ont peu donner vn pouuoir absolu à leurs Lieutenãs sans interest de leur grandeur & royalles Majestez, y aura il danger que l'infinie grandeur du fils de Dieu soit interessée en donnant à S. Pierre & à ses successeurs la jurisdiction essentielle de son Eglise? & puis qu'il l'a voulu, qui osera contrerolller ses volontez? Car nous auons montré tant par le tesmoignage de l'Escriture que des anciens qu'il luy a donné les clefs de la jurisdiction Ecclesiastique: qu'il a fondé son Eglise sur cette Pierre, & qu'il l'a chargé de repaistre ses brebis, là où par le mot de *pasce* tout deuoir de pasteur est entendu; or les pasteurs ne donnent pas seulement le fourrage à leurs brebis, mais aussi les conduisent, les gouuernent, les deffendent, & chastient celles qui s'esgarent du troupeau affin de les ramener. Comme aussi le mot de *pasce* en l'Escriture se prẽd pour regir & gouuerner ps. 2. selon l'Hebreu, & Isa. 44. Et S. Iean a vsé du mot Grec ποίμαινε au lieu de *pasce*, c'est à dire, repais en gouuernant, & presidant: Et Homere appelle souuent le Roy Agamemnon ποιμένα λαῶν, c'est à dire pasteur des peuples. Parquoy le Sauueur du monde ayant dit à S. Pierre & non au reste des Apostres qu'il eut à repaistre, regir & gouuerner ses brebis, qui ne voit qu'il luy a donné la jurisdiction essentielle de l'Eglise? & que le Politique est digne de risée de dire que c'est à luy à obeyr & simplement executer ce que l'Eglise aura ordonné? Nous auons aussi appris de S. Ambroise que S. Pierre est le *maistre du nauire de l'Eglise*, & que le fils de Dieu luy en a donné la primauté? Et pourquoy maistre, si ce n'est pour conduire le nauire, tenir le gouuernail en main & cõmander aux matelots? S. Augustin rend le mesme tesmoignage: *Tout ainsi* (dict ce grand Docteur) *que au Sauueur estoient toutes les causes de maistrise, ainsi apres le Sauueur elles sont toutes contenues en Pierre, car il l'a estably leur chef affin qu'il fust pasteur du troupeau du Seigneur*, Et vn peu plus bas. *C'est chose manifeste que tous sont compris en Pierre, car priant pour Pierre on recognoit qu'il a prié pour tous, car tousiours au Superieur le peuple est corrigé ou loué*. Ie laisse pour n'estre ennuyeux le tesmoignage des autres anciens, qui tous d'vne voix enseignent que nostre

Primatum non accepit Andreas, sed Petrus. Ambros. sup.

Sicut in Saluatore erant omnes caussæ magisterij, ita & post Saluatorem in Petro omnes continentur, ipsum n. constituit caput eorũ, vt pastor esset gregis Domini, &c.

Seigneur a donné vn plein pouuoir à S. Pierre ſur ſon Egliſe pour commander non pour obeyr, pour ordonner & non ſimplement pour executer.

Manifeſtum eſt in Petro omnes contineri, rogans enim pro Petro pro omnibus rogaſſe dignoſcitur, ſemper n. in præpoſito populus aut corripitur aut laudatur. Tom. 4. operum Aug. in q. vet. & no. teſtam. q. 75.

Le Politique accorde bien que le Pape eſt *le fondement & le chef de l'Egliſe*, & qu'il eſt appellé des anciens *le tronc, le rayon, la fontaine*, & toutefois il nie qu'il ſoit chef eſſentiel de l'Egliſe pour ordonner, ains ſimplement chef miniſteriel pour executer & obeir. En premier lieu, c'eſt vne impertinence de dire qu'vn chef ſoit eſtably pour obeir ou ſimplement executer ; & puis noſtre Seigneur auroit parlé fort improprement, quand il dit: Tu és Pierre, & ſur ceſte pierre ie baſtiray mon Egliſe : car on ſçait bien que le fondemẽt d'vne maiſon porte toute la maiſon, & que le chef d'vne famille commande à toute la famille, & n'eſt pas obligé d'obeir à ſes enfans. Et ſaint Cyprian qui appelle ſaint Pierre chef, fontaine, & racine de l'Egliſe, euſt eſté fort ignorãt en la proprieté des mots, & le deuoit pluſtoſt appeller ruiſſeau, eſcorce, rameau, ou vn ſimple commis : car il ne pouuoit ignorer que le chef influe eſſentiellement ſur les membres, & la fontaine aux ruiſſeaux, & que la racine donne vigueur eſſentielle à tout le reſte de l'arbre. Et ſi le S. Pere n'eſt que ſimplement

Pag. 7.

Nos Eccleſiæ vnum caput & radicem tenemus. Cyprian. Ep. ad Iubaian.

chef ministeriel de l'Eglise pour executer ses ordonnances, comme veut le Politique, attendu qu'il enseigne aussi que le
p. g. 24. & 25. *propre office des Princes Chrestiens, est de faire des loix pour l'execution du droit diuin, naturel & canonique*: Il s'ensuiura que la feu Royne d'Angleterre pouuoit iustement se dire le chef de l'Eglise Anglicane: & si elle eust esté Catholique, qu'elle eust peu prēdre ceste qualité sans blasme en son royaume, y pouuant faire executer tant le droit diuin que naturel & canonique. Car de dire que le saint Pere peut assembler les Conciles generaux, ou excommunier, nous venons de voir qu'il ne lui laisse que la simple execution, & le nud ministere de la iurisdiction Ecclesiastique, & encore dit que le sommaire de toute la iurisdiction exterieure consiste au seul pouuoir d'excommunier. Il escrit aussi que l'Eglise se peut congreger de soy-mesme en Concile, & qu'elle est suffisante architecte de soy. Tellement qu'il ne restera rien au S. Siege Apostolique que le nud ministere & la simple execution du droit diuin, naturel & canonique non plus qu'aux Princes Chrestiens. Or attendu qu'il est appellé chef de l'Eglise, selon le politique, entāt qu'il a pouuoir d'executer, il s'ensuiura,

selon ses maximes, que le tres-Crestien Roy de France pourra iustement se dire chef de l'Eglise Gallicane : Et ainsi de tout autre Prince de son royaume. Voyez vous où tend ceste doctrine, & de quelle boutique elle peut sortir ? *Il ne sort riẽ d'vn sac, que ce dont il est plein.* Quant à ce qu'il adiouste que nostre Seigneur n'a pas dit à S. Pierre: *Les portes d'enfer ne preuaudront cõtre toy.* Nous auons monstré tout dés le cõmencement que S. Augustin rapporte ceste promesse à la chaire de S. Pierre, sans parler des autres peres, le tesmoignage desquels ie ne veux repeter si souuẽt pour n'attedier le lecteur : *Numerate sacerdotes* (dit ce grand Docteur) *primò ab ipsa sede patri, & in ordine illo patrum quis cui successerit videte: ipsa est petra quam non vincunt superbæ inferorum portæ.* *Aug. in psal. cont. part. Pedon.*

L'aduersaire allegue en suite ce que dit nostre Seigneur : *Reges gentium dominantur eorum, vos autem non sic:* Pour monstrer que les Ecclesiastiques ne sont point appellez à vne *principauté purement & absolument monarchique, ains à vne pure administration & dispensation.* Et pour confirmation de cecy rapporte l'exposition de S. Bernard escriuant à Eugene, *I ergo & tu, & tibi vsurpare aude, aut dominans Apostolatum aut Apostoli-* *pag. 6.*

cus dominatum. Plane ab altero prohiberis, si vtrumque simul habere voles, perdes vtrumque: forma Apostolica hoc est, dominatio interdicitur, indicitur ministratio, quæ commendatur exemplo legislatoris: Ego in medio vestrum sum, sicut qui ministrat &c. Il auoit aussi allegué le dire de S. Pierre 1. *Petr.* 5. *pascite qui in vobis est gregem Dei, prouidentes non coactè, sed spontanee secundum Deum, neque dominantes in cleris, sed forma, aut exemplum facti gregis ex animo.* Et de là il conclud que S. Pierre & S. Bernard nous remettent deuant les yeux le modele du regime Aristocratique.

Or tant s'en faut que tout cela soit fauorable à son opiniõ, que mesme on peut inferer tout le contraire: car nostre Seign. disant que les Roys des peuples leur dominent, mais vous non pas ainsi, l'aduersaire deuoit plustost conclure, *Si non pas ainsi*: c'est à dire, si vn des Apostres ne doit pas commander ou dominer de mesme que font les Roys des peuples, il s'ensuit donc que quelqu'vn des Apostres deuoit commander, mais que ce deuoit estre d'vne autre maniere (car il s'esmeut entre eux vn debat à sçauoir qui seroit le plus grand: le Grec porte qui seroit le Duc & le Prince) Et en quelle maniere? *Celuy*, dit le Sauueur,

ἡγέμενος, 1. *dux & princeps. Luc.* 22.

ueur, *qui eſt le plus grand entre vous ſoit fait comme le moindre*: Il ne dit pas, aucun ne ſera plus grand entre vous, aucun ne commandera, ou vous ſerez tous eſgaux. Car à quel propos ſeroit il le plus grand, s'il n'auoit aucun commandemẽt ſur les autres? ains il dit, *qu'il ſoit fait comme le moindre*: c'eſt à dire, en douceur & manſuetude, qu'il ne commande point violemment, & arrogãment comme font les Roys des Gentils: κατακυριεύουσιν i. *Violenter dominari*, comme s'il diſoit *Non dominantes, ſeu ſuperbè inſultantes, ſicut reges gentium*. Tellemẽt que N. S. n'oſte pas icy la ſupreme authorité qu'il vouloit conferer à *S*. Pierre ſur l'Egliſe, ains il demande vne moderation & vn commãdement autre que celuy des Roys ſur les peuples. Et pour mõſtrer que telle eſt l'intention du Sauueur, luy meſme propoſe ſon exemple. *Ie ſuis* (dit-il) *au milieu de vous, comme celuy qui adminiſtre*, afin d'apprendre à celuy qui eſtoit le plus grand & le Prince entre les Apoſtres, qu'il deuoit ſe comporter enuers les autres, comme luy meſme s'eſtoit gouuerné entre tous eux. Or eſt il que N. S. ſe gouuernoit parmy eux comme celuy qui adminiſtre, mais en ſorte qu'il ne perdoit pas le pouuoir & l'authorité qu'il auoit ſur eux. Partant il ne veut pas oſter la puiſſance & ſuperiorité à

Et qui m[illegible] res ſu[illegible] teſtatem [illegible] ercent in [illegible] Matth. 20.

celuy qu'il desire estre cōme le moindre, ains il adoucit &modere sa puissance, afin qu'elle ne leur soit odieuse. Et depuis saint Pierre donna ce mesme aduis aux autres pasteurs de l'Eglise, vsurpant les mesmes parolles. Et ainsi se doit entēdre la sentēce de S. Bernard. Car si le S. Pere vouloit tyranniquement dominer sur l'Eglise, & *cōme vn lyon en sa maison* (ainsi que dit le Sage) *renuerser ses domestiques, & opprimer ses suiets*; il n'y a point de doute qu'il perdroit & l'Apostolat & la Principauté qu'il a sur l'Eglise. Et tant s'en faut que ce pere ayt voulu nier ceste souueraineté, que mesme escriuāt à Eugene il le qualifie Seigneur & Prince de toute la possession de N. Seig. Le lieu (dit il) auquel tu demeure, c'est vne terre sainte, le lieu de Pierre, le lieu du Prīce des Apostres, là où ses pieds ont esté: c'est le lieu de celuy lequel le Seig. a estably Seig. de sa maison, & prince de toute sa possession.

Eccles. 4.

Locus in quo stas, terra sācta est, locus Petri est, locus principis Apostolorum, vbi steterunt pedes eius, locus illius est quem constituit Dominus Dominum domus suæ, & principem omnis possessionis suæ. Bern. ep. 237.

Ce pere estoit bien esloigné de l'humeur du Politique qui en fait comme vn simple facteur, qui n'a rien en sa dispositiō, ny aucun pouuoir sur les enfans de la maison. Mais si le Prince & Seig. d'vn royaume n'a point d'empire sur ses suiets, il s'ensuiura que les Roys ne seront pas Roys & Seigneurs de leurs royaumes, encore qu'ils soiēt recogneus Princes & Seigneurs de toute la possession de leurs ancestres: ou il faut dire que nôtre S. Pere le Pape a vn empire & commandement sur l'Eglise, attẽdu que *le Seigneur l'a estably Seigneur de sa maison & prince de toute sa possession.*

S. Ieã Chrysost. remarque aussi que saint Pierre estoit le Prince en l'asséblée des Apostres, & qu'il parloit toujours le premier, cõme celuy à qui le Sauueur auoit dit: Et toy estãt vn iour conuerti cõfirme tes freres. Ce fut luy qui sur to9 vsa d'vne souueraine authorité, en condẽnant Ananias & Saphira. Ce fut luy qui le premier parla au Concile, & qui definit la question cõme Prince du decret, escrit S. Hierosme. Ce fut luy qui eut la vision du ciel pour monstrer que l'Euangile deuoit estre presché aux Gentils: En somme (dit S. Chrysost.) Pierre est trouué par tout le premier, quãd il faut eslire vn Apostre, il est le premier quãd il falut parler aux Iuifs pour dire que les Apostres n'estoiẽt point yures: quand il falut guarir le boiteux: quand il falut prescher: quãd il falut respondre aux Princes: quand les guarisons se faisoient par l'ombre, c'estoit luy. Et là où y auoit du danger, c'estoit luy, & où il falloit ordonner: mais quand toutes choses estoient tranquilles, tous estoient en commun, & ainsi il n'exige point vn plus grand honneur. Et cõme

Vide seruorẽ quem agnoscit sibi creditum à Christo gregem? quàm in hoc choro princeps est, & vbique primus omniũ incipit loqui? ad hunc n. inquit Christus, & tu aliquando conuersus confirma fratres tuos. Chrysost. hom. 3. in Acta. Hieron. in catal script. Eccles. de Petro.

Vbi a. tranquillitate res erant plenas communiter omnes. Sic non exigit maiorem honorem.

Chrysost. hom. 21. in acta.

S. Chrysost. recommande la modestie de S. Pierre en ce qu'il ne se preferoit point à eux lors qu'il n'estoit pas necessaire d'vser de son authorité, de mesme il loue la modestie des Apostres, lesquels apres la resurrection du Sauueur le recogneurẽt en tout ce que dessus, comme leur Prince. *Cõsidere* (dit-il) *en quelle façon ils luy accordent le throsne, & ne sont plus en doute auec debat lequel d'eux seroit le plus grand.* Et de rechef ailleurs, *Eux n'estãs encore fortifiez de la grace du S. Esprit s'esmouuoiẽt facilemẽt, mais ayãs receu la grace ils ne furẽt pas tels, ains ils donnẽt par tout la primauté à Pierre, & le preferent aux sermons, combien qu'il semblast estre plus rude que les autres.*

Considera quo pacto ei solium concedũt, nec amplius ambigunt disceptantes inter sese, quis futurus esset eorum maior. Hom. 3. in Acta. Nondum gratia Spiritus sancti corroborati facile mouebantur, gratia vero accepta non tales nempe fuerunt, sed vbique primatum Petro prabent, & in concionibus eum anteponunt, quamuis cæteris rudior videretur. Chrysost. homil. 51. in Math.

Or ie fay iuge le Lecteur, si le Politique n'est pas maling de s'opposer à tãt de raisõs & de tesmoignages lors qu'il adjouste que les autheurs modernes *pour amplifier leurs priuileges pretendẽt que par ces paroles, Repais mes brebis; le Seign. a transferé toute la iurisdiction Ecclesiastique à vn seul Pierre pour la departir aux autres, mais qu'ils sõt refutez apertement par les oracles de l'Escriture, par le tesmoignage de tous les anciens, & mesme par la practique de l'Eglise ancienne.* Car nous venons de voir que l'Escriture & les anciens peres de l'Eglise enseignẽt manifestemẽt que le Sauueur a dõné à S. Pierre non toute la iurisdiction Ecclesiast. ains la souueraineté, laquelle neantmoins releue tousjours du supreme chef & souuerain Seig. IesusChrist, auquel independamment elle appartient.

Et n'importe que la loy de l'Euãgile soit *vne loy vrayment royale, de douceur & de tres-parfaite liberté, nõ de tresdure seruitude, comme celle de Moïse* : ainsi que le Politique nous oppose: d'autant que la liberté ne consiste pas à pecher, ou à pecher impunément, ou à ne recognoistre point de chef souuerain soit temporel soit Ecclesiastique: car bien que nous recognoissions le Roy tres Chrestiẽ pour nostre souuerain Maistre & Seigneur, & que nous soyõs ses tres hũbles subiets, nous ne sommes pas pourtant ses esclaues, cõme sont les subiets du grãd Turc, & on ne dira pas que la domination Françoise soit vne dure seruitude, cõbien que le Roy puisse faire des loix, & cõmander souuerainemẽt. Cela seroit bõ en la bouche de Luther & de Caluin qui souz pretexte d'vne liberté Euangelique sont voulu secoüer le ioug des Princes, & faire croire qu'ẽ la Religion Chrestiẽne il n'y a point de distinctiõ entre le Prestre & le laique, le Prince & le vassal, & que no⁹ sõmes tous Prestres & Roys. Au lieu que la liberté Chrestiẽne doit apporter vne pl⁹ grãde submissiõ & obeïssance aux puissances tãt seculieres que Ecclesiastiques, non Pag. 29.

tant pour la rigueur de la peine, que pour l'amour de la vertu, & sur l'esperance d'vn loyer eternel, & aussi pour satisfaire à nostre cõsciẽce, dautant que la loy de l'Euangile nous oblige encore plus estroitement & plus intimemẽt, s'il faut ainsi parler, que ne faisoit la loy anciẽne laquelle se cõtentoit de l'exterieur, iusques à là que nostre Seign. iuge digne de mort celuy qui a regardé vne fẽme pour la conuoiter. Et tout cela n'empesche point la liberté Euangelique & vrayement Chrestienne.

Et ne sçay comment le Politique enseigne que *le regime Aristocratique est le meilleur de tous, & le plus conuenable à la nature*, veu que la nature & la raison nous apprennẽt que le monarchique est le plus noble, comme estant moulé au patron du regime de l'vniuers gouuerné par vn souuerain monarque. Entre les abeilles il y a vn prince, en vne armée vn chef & en chaque famille vn qui commande: *Vnus Imperator* (dit S. Hierosme) *Iudex vnus prouinciæ, Roma vt condita est simul duos habere Reges non potuit.* Et l'aduersaire ne peut ignorer que en la loy ancienne figure de la nouuelle Moyse fut estably de Dieu pour cõmãder souuerainement à tout son peuple, & que Moyse cõsacra Aaron pontife, assuietissant sous luy tous les prestres & Leuites: Et depuis iusques à Iesus Christ il y eut tousiours

Hieron. ep. ad Rusticũ.

vn Prince des Prétres qui gouuernoit toutes les Synagogues de tout le mõde. Philõ Iuif qui n'estoit pas moins sçauant que biẽ versé aux affaires d'Estat loüant cete memorable sentence d'Homere, laquelle a esté tant celebree de tous les autheurs anciens & modernes, dit: *Illud, Multos imperitare malũ est, Rex vnicus esto, nõ ad ciuitates & homines magis pertinet quã ad mundum & ad Deũ.* Et Plutarque apres auoir declaré que plusieurs seditions s'estoiẽt esmeues en Athenes pẽdãt que la democratie estoit en vigueur, adjouste: *Vna autẽ superesse ratio videbatur ad salutẽ & quietẽ si res delatæ ad dominatũ essent.*

Philo. lib. de confusione ling.

Plutarq. in Solone.

Ie sçay que l'aduersaire pour dõner couleur à son opiniõ, y apporte vn tẽperamẽt de monarchie, entãt que l'Eglise a vn chef essẽtiel qui est IesusChrist: (car nous auõs mõtré qu'il nõme voiremẽt le Pape chef ministeriel de l'Eglise, mais qu'en effect il luy oste le propre office de chef) & ainsi ne veut dõner qu'vn chef inuisible à l'Eglise visible: Mais qui ne sçait que l'Eglise eut dés le cõmencemẽt vn regime exterieur visible monarchique? car IesusChrist estãt en terre la gouuernoit visiblement, cõme souuerain Pasteur & Recteur d'icelle. Et consequemmẽt elle doit encore auoir vn gouuernemẽt externe, visible, monarchique, autremẽt l'Eglise ne seroit pas la mes-

Arist. l. 3. polit. cap. 2.

me cité de Dieu qu'elle estoit lors: car, selon le Philosophe en ses Politiques, la cité est dite estre de mesme espece tãdis que la mesme forme de Republique demeure, c'est àdire la mesme cõmune maniere de gouuernemẽt. Laquelle forme estant chãgée, la cité est aussi chãgée, & est d'vne autre espece. Ainsi le Politique nous dépeint vne autre face d'Eglise que la primitiue, lors qu'il la nous represente comme vne Aristocratie, nonobstant le temperament qu'il y apporte.

Et au reste il ne sçauroit mõtrer en toute l'Escriture que la souueraine puissance ait esté dõnée au concile des Prestres: car toute l'authorité qui a esté donné de Iesus Christ aux Apostres & aux Disciples n'a pas seulemẽt esté dõnée à tous en cõmun, mais aussi à chascun en particulier: Et n'estoit aucũ besoin d'assembler vn Concile pour l'exercer: Car on sçait biẽ que chascun des Apostres pouuoit (cõme maintenãt chasque Euesque peut) enseigner, baptiser, lier, deslier, ou dõner les ordres &c, Et n'y a que le seul passage que le Politique allegue Math. 18. par lequel il semble que quelque pouuoir soit donné au Concile, *Vbi enim sunt duo aut tres cõgregati in nomine meo, ibi sum in medio eorũ*. Mais il n'est point dit en ce lieu là quelle doit estre la

puissance

puissãce du Cõcile, souueraine, basse ou mediocre, & en suite cela ne fait riẽ pour resoudre la question. Le Bachelier que le Politiq. mesme introduit sur la fin de son liure, cõme s'estãt desdi de certaines theses en l'eschole de Sorbõne, attribue autãt d'authorité au S. Pere cõme au Cõcile, & encore le met deuãt le Concile; car sa these premiere estoit, *Omnes potestates iurisdictionis Ecclesiæ aliæ à papali potestate sunt ab ipso Papa quantum ad institutionem & collationem.* La seconde où il se retracta fut, *Omnes potestates iurisdictionis Ecclesiæ aliæ à papali potestate sunt ab ipso Christo quantum ad institutionem & collationem primariam, à Papa autem & ab Ecclesia quãtum ad limitationem & dispensationem ministerialem.* Dauantage si le souuerain regime de l'Eglise appartient aux Euesques & Curez assemblés en Concile, il s'ensuit que l'Eglise sera le plus souuent priuee de regime; car il ne se trouue pas beaucoup de personnes qui se soucient grandement du bien public, & par consequent la republique de l'Eglise seroit fort miserable; & les Euesques estans égaux, ne peuuent pas gouuerner l'Eglise comme il appartient, s'ils ne s'assemblent, ainsi que luy mesme confesse. Or est-il qu'ils s'assemblẽt rarement en Concile general (comme aussi ce n'est pas chose facile, veu mesme qu'il veut que les Curez s'y trouuent & ayent voix deliberatiue) car és premiers trois cens ans aucun Concile general ne fut assemblé, & depuis il se passa pres de cent ans pour en tenir vn autre; De dire qu'on pourroit cependant faire des Conciles prouinciaux & nationaux: voicy ce qui en pourroit arriuer, c'est que les Euesques & Curez d'vne prouince ayant pris quelque resolution en leur Concile, ne voudroient pas ceder à celle des Euesques d'vne autre prouince, laquelle pourroit n'estre pas conforme à la leur; Et se pourroit faire que plusieurs determinations contraires seroient tenues en l'Eglise en vn mesme temps, faute de correspondance. Et puis si cela estoit il semble que de tãt plus que le nombre des Euesques & Curez seroit grand, d'autant plus le Concile auroit d'authorité & de creance; & toutesfois le Concile d'Arimini où se trouuerent six cens Euesques, n'a iamais eu aucun credit en l'Eglise Catholique, au contraire celuy de Constantinople, qui n'estoit que de cent cinquante, a tousiours esté receu d'icelle, comme fort authentique : & si on demãde la raison de cecy, nous disons que c'est d'autant que celuy-là ne fut iamais approuué du sainct Siege Apostolique; & au contraire celuy de Constantinople fut confirmé du sainct Pere. Ou biẽ que le Politique me rende quelque autre raison pourquoy l'vn est plustost receu que l'autre? car de dire que c'est parce que l'vn a erré, nõ pas l'autre, qui ne voit que c'est se vouloir rendre Iuge tant du Concile que de toute l'Eglise?

Et n'importe que sainct Hierosme ait dit (au rapport du Politique) que les Eglises estoient au commencemẽt gouuernees par le commun conseil des Prestres, car ce Docteur adjoute immediatement apres, *In toto orbe decretum est vt vnus de presbyteris electus superponeretur ceteris ad quem omnis Ecclesiæ cura pertineret, & schismatum semina tollerentur.* Tellemẽt qu'il ne dit pas que l'aristocratie soit la meilleure forme de gouuernement; au contraire il enseigne que n'ayant pas biẽ succedé au commencement, parce que pusieurs schismes & seditions se faisoiẽt, l'aristocratie fut par l'aduis de tout le *Hiero. in c. 1. ad Tit.*

monde changee en Monarchie. Et si on demande quand fut fait ce changemẽt? Le mesme le designe par ces paroles precedentes, *Antequam diaboli instinctu studia in religione fierent, & diceretur in populis ego sum Pauli, ego Appollo, ego verò Cephæ, communi presbyterorum consilio Ecclesiæ gubernabantur &c.* de sorte que ce changement arriua du temps mesme des Apostres, lors qu'on commença de dire, *Ie suis de Paul, moy d'Apollo*; car l'Apostre S. Paul enseigne que ce fut de son temps 1. Cor. 1. Ioint que sainct Hierosme ne parle pas du regime de l'Eglise vniuerselle, ains des Eglises particulieres. Les Eglises (dit-il) estoient gouuernees par vn commun conseil des Prestres: comme aussi luy mesme parlant de S. Pierre en son premier liure contre Iouinian, dit que *vn est esleu entre douze, à fin que le chef estant estably l'occasion de schisme fut retrenchee.* Sainct Ambroise disoit aussi de son temps: *L'Eglise est la maison de Dieu de laquelle auiourd'huy Damase est le Recteur.* Il ne dit pas l'organe ou instrument, comme est l'œil à l'homme, ains le Recteur pour gouuerner, comme le chef lieutenant de Iesus-Christ en terre. Et sainct Cyprien au premier liure de ses Epistres

Inter duodecim vnus eligitur, vt capite constituto schismatis tolleretur occasio. Hieron.

Domus Dei est Ecclesia cuius hodie Rector est Damasus. Ambr. in cap. 3. ad Tim.

ep. 6. apres auoir monstré que l'Arche de Noë estoit la figure de l'Eglise, prouue de là que Nouatian ne se pouuoit dire gouuerneur de cette Eglise, d'autant que Cornelius l'estoit, & qu'vne nauire ne demandoit qu'vn maistre pilote, & non plusieurs.

Le Politique pour opposer l'authorité d'vn souuerain en l'Eglise propose la requeste que fit nostre Seigneur à Dieu son pere, priant pour l'Eglise son Espouse, *comme tu m'as enuoyé au monde, ainsi ie les enuoye au monde, & ie me sanctifie moy mesme pour eux, à fin qu'ils soient aussi sanctifiez en verité: & ie ne prie pas seulement pour eux, mais aussi pour ceux qui doiuent croire en moy par leur parole, à fin que tous soient vn comme toy pere és en moy, & moy en toy, à fin que aussi ils soient en nous, & que le monde croye que tu m'as enuoyé*, par lesquelles paroles (dit l'aduersaire) il paroist manifestement *que Christ donna la puissance infaillible des clefs, non tant à vn & seul Pierre que à l'vnité: comme sainct Cyprien & Augustin confirment, 24. quæst. 1. can. quodcumque, can. loquitur, can. alienus*. Mais tant s'en faut que ce texte soit contraire à ce que nous auons dit, que mesme il le confirme de plus en plus : car tout ainsi qu'en vn corps naturel, l'vnité des membres est gardee parce qu'ils obeyssent tous au chef ; de mesme l'vnité est conseruee en l'Eglise parce que tous obeyssent à vn, & tousiours le gouuernement d'vn seul marque bien dauantage l'vnité de l'Eglise que ne fait la congregation de plusieurs ensemble : C'est pourquoy S. Cyprien, qui semble exceller sur tous tant par l'antiquité que par sa doctrine & par la gloire de son martyre, dit escriuant à Corneille : *Toutesfois Pierre sur lequel l'Eglise auoit esté bastie du Seigneur, parlant luy seul pour tous, & respondant par la voix de l'Eglise dit, Seigneur à qui irons nous ? vous auez les paroles de la vie eternelle.* Or si sainct Pierre parle & respond luy seul pour tous, & s'il est comme la voix de toute l'Eglise : il s'ensuit bien qu'il a quelque souueraineté en la iurisdiction Ecclesiastique, & qu'il n'est pas le simple exequuteur de la voix & des ordonnances de l'Eglise. Le mesme pere escrit en son traicté de l'vnité de l'Eglise. *Hoc erant vtique & ceteri Apostoli, quod fuit Petrus, pari consortio præditi honoris & potestatis, sed exordium ab vnitate proficiscitur. Pri-*

Petrus tamen, super quem ædificata à Domino fuerat Ecclesia, vnus pro omnibus loquens, & Ecclesiæ respondens voce alt, Domine ad quem ibimus? verba vitæ æternæ habes. Cypr. ep. 55. ad Cornel.

matus Petro datur, vt vna Christi Ecclesia & cathedra monstretur, & Pastores sunt omnes, sed grex vnus ostenditur. Peut-on parler plus clairement pour la monarchie de l'Eglise, & pour monstrer que sainct Pierre est le souuerain & Prince visible d'icelle? Et si le Sauueur enuoye tous ses Apostres, comme il auoit esté enuoyé de son pere, afin qu'ils fussent tous vn, comme il est vn auec son pere, attendu que le pere & le fils ne sont pas vn personnellement (car autre est la personne du fils, & autre celle du pere) ains ils sont vn par essence: il s'ensuit bien que sainct Pierre sera voirement vn essentiellemẽt auec tous les Apostres & auec toute l'Eglise, comme faisant partie de l'essence d'icelle, mais non pas personnellement estant consideré comme le prince, le Pasteur & moderateur de la mesme Eglise. Et pource Tertullien demande en son liure de la pudicité. *Qui és tu qui veux renuerser & changer l'intention manifeste du Seigneur, conferant cecy personnellement à sainct Pierre? sur toy (dit-il) ie edifieray mon Eglise. Qualis es euertens atque commutans manifestam Domini intentionem personaliter hoc Petro conferentem? Super te*

Tertull. lib. de pudic.

(*inquit*) *ædificabo ecclesiam meam.* Optat Mileuitain confirmant cette mesme doctrine en son liure second contre Parmenian, escrit en ces termes, *Cathedra vna est, & negare non audes, scire te primum in vrbe Roma cathedram esse collocatam, vbi sederit omnium Apostolorum caput Petrus, inde Cephas appellatus, in quo vno cathedræ vnitas ab omnibus seruaretur, nec ceteri Apostoli singulas sibi quisque defenderent, vt iam schismaticus & peccator esset qui contra singularem cathedram, alteram collocaret,* Ie rendray cecy en François pour m'accõmoder à tous, & il en vaut bien la peine. *Il y a* (dit-il) *vne chaire, & tu n'ose nier que tu ne sçache que premierement vne chaire fut establie à Rome là où siegea Pierre chef de tous les Apostres, & de là il fut appellé Cephas* (c'est à dire, Pierre) *auquel vn, l'vnité de la chaire fut gardee de tous, & que les autres Apostres n'eussent point à defendre chascun à par soy des chaires particulieres, tellement que celuy là estoit reputé schismatique & pecheur qui establiroit vne autre chaire contre la singuliere chaire.* La conclusion de ce grand personnage qui viuoit du temps de S. Augustin il y a treze cens ans est si forte contre l'aduersaire, qu'il n'est pas besoin

Optat. Mileu. l. 2. cõtra Parme.

de

de luy dire qu'elle le rend schismatique. Car voulant de l'Eglise en faire vne aristocratie & vn gouuernement de plusieurs, il peche contre la singularité de la chaire Apostolique.

Le Politique apres auoit enseigné que le Seigneur a donné la puissance à l'Eglise de se congreger en Concile, & de decerner infailliblement par ces paroles, *Ie vous dy de rechef que si deux ou trois de vous conuiennent ensemble sur la terre, &c. Car là où sont deux ou trois assemblez en mon nom, ie suis là au milieu d'eux*; adjoute immediatemet apres, que *le Christ en ce texte designe vn concile aristocratique diuinement institué, non pas vn concile oligarchique institué des hommes*, (il entend le sacré college des Cardinaux) *& qu'il exprima vn nombre certain pour vn incertain, à fin d'oster toute occasion de tergiuersation aux hommes litigieux, & pour monstrer que pour vn iuste regime de l'Eglise le consentement & correspondance, à tout le moins de deux ou de trois estoit requis, & non d'vn seul Pontife Romain.* Et en fin tire cette conclusion, Certes de quel costé que les aduersaires se tournent, il faut qu'ils confessent que ces paroles, *Ubi enim sunt duo* Pag. 10.

N

aut tres congregati in nomine meo, &c. excluent necessairement l'absolue & infaillible authorité d'vn Pape. Or outre les raisons & tesmoignages cy dessus rapportez, nous disons en premier lieu que nostre Seigneur ne parle point icy, au moins en termes exprez, du Concile vniuersel de l'Eglise, & encore moins des Curez ausquels le Politique donne voix deliberatiue au Concile. Et puis combien qu'on puisse entendre par ces paroles vn Concile general de toute l'Eglise, & dire que le Sauueur a marqué vn nombre certain pour vn incertain, il ne s'ensuit pas qu'il n'ait aussi voulu designer vn moindre Concile, tel qu'est le priué conseil du Pape composé des illustres Cardinaux lesquels sont Euesques ou Archeuesques, ou titulaires d'vne Eglise (car ie ne veux icy entrer en cette dispute à sçauoir si leur qualité de Cardinal est de droict diuin ou positif) attendu qu'il ne parle que de deux ou de trois assemblez en son nom; là où ce sacré Concile est souuent de vingt ou de trente fois autant. Et ainsi cette illustre compagnie ne doit point estre forclose par ces paroles, *là où deux ou trois sont assemblez en mō nom;*

ie suis là au milieu d'eux, au contraire il semble que le fils de Dieu a voulu premierement designer le Concile de peu de personnes pour apres marquer en suitte l'assistance infaillible qu'il feroit à vn Concile general de l'Eglise, puis que il la promettoit à vn plus petit nombre assemblé en son nom. Ce qui ne se peut mieux rapporter ny plus propremẽt que à ce Sacré college qui sert de priué conseil au sainct Siege Apostolique. De dire que nostre Seigneur a designé vn Concile general & aristocratique de l'Eglise pour retrancher toute occasion de tergiuersation aux hommes litigieux, ie veux bien que cela soit, lors qu'on n'y peut remedier par autre voye, ou quand le mal est vniuersel; mais n'estant question que d'vne prouince ou de quelques particuliers, il me semble que c'est le vray moyen, & duquel les heretiques mesme se seruent, pour fomẽter l'erreur & la desobeyssance: car quand on pense les aduertir de leur deuoir, ou les ramener au droit sentier, ils s'en rapportent à vn futur Concile: & ainsi le sainct Pere & tous les Euesques auroient en attendant les mains liées sans pouuoir remedier aux heresies ny s'opposer aux heresiarques, ou à ceux qui voudroient perdre la religion par leur violence. Et ainsi quand nostre Sauueur dit que si quelqu'vn ayant offencé son frere, ne vouloit receuoir la correction de deux ou de trois en priué, il le faut dire à l'Eglise, *dic Ecclesiæ*, il faudra assembler vn Concile general pour le luy dire, à fin que s'il n'escoute le Concile vniuersel de l'Eglise on le tiéne pour vn ethnique & publicain, & non autrement. Et qui ne voit que se seroit vn asseuré moyẽ d'entretenir l'heresie & l'impieté, veu mesme que plusieurs ne sçauroient voir en toute leur vie vn seul Cõcile general & aristocratique de l'Eglise, tel que le Politique demande ? Car il dit en la pag. 7. que *le Seigneur a voulu que l'Eglise son espouse fut gouuernee par le canon & le conseil par lequel les Pontifes Romains, & les autres Euesques ne peussent ordonner aucune chose d'importance de leur propre mouuement ou à la suasion d'vn conseil de peu de personnes, ains qu'ils assemblassent vn conseil aristocratique de l'Eglise, & qu'ils le consultassent.* Mais quelle consequence tire il apres? *De quel costé* (dit-il) *que les aduersaires se tournent, il faut qu'ils confessent que ces paroles, Vbi enim sunt duo aut tres congregati in nomine meo, &c. excluent necessairement l'absolue & infaillible authorité du Pape.* Comme si de ce que le Sauueur a promis vne assistance infaillible à son Eglise en general, il s'ensuiuoit necessairement qu'il l'eut deniée en particulier à son lieutenant chef visible d'icelle? Comme si disant que, le Soleil fauorise la France de sa viue lumiere, il s'ensuiuoit que Paris fut priué de cette mesme faueur en particulier? comme si le Sauueur estant mort pour tous les hommes il s'ensuiuoit qu'vn homme en particulier fut priué de ce benefice? Car qui empesche que Dieu ne puisse donner à sainct Pierre cette resolution infaillible, encor qu'il l'ait conferee à toute son Eglise en commun? Si sa consequence estoit legitime, pourroit on pas dire de mesme: Le Sauueur promettant les clefs des cieux à sainct Pierre luy dit, Tout ce que tu lieras en terre, sera lié aux Cieux. Donc il n'a point dõné la puissance de lier ou deslier au reste des Apostres: Ou bien, le fils de Dieu a dict à S. Pierre que sa foy ne manquera point, afin de confirmer ses freres: donc il s'ensuyt que tous ses freres ensemble ne sont point asseurez d'vne infaillible verité? On voit bien que l'aduersaire est preuenu de quelque passion qui le fait ainsi extrauaguer. Il est vray que nostre Seigneur a promis vne verité infaillible à son Eglise, & qu'elle est *la colomne & le firmament de verité.* Mais il est vray aussi qu'il a faict la mesme promesse à son Apostre fondant son Eglise sur luy, & disant *tu es Pierre & sur cette pierre ie bastiray mon Eglise*, car si le fondement n'est inesbranlable, comment le pourra estre tout le reste de l'edifice? & derechef, *I'ay prié pour toy Pierre, afin que ta foy ne manque point, parquoy estant conuerti confirme tes freres.* Ainsi le Roy qui donne pouuoir à sa Cour de Parlement de iuger de la vie sans appel, donne le mesme pouuoir à vn particulier Preuost. Tant il est vray qu'vn priuilege departy à vne communauté n'exclud pas vn particulier de ce mesme priuilege.

Ecclesia Dei viui columna & firmamentũ veritatis. 1. Timot. 3.

Math. 16.

L'aduersaire pour esquiuer la force & le trenchant des susdites paroles, donne vne exposition toute nouuelle, à sçauoir que le *Sauueur ne dit pas à Pierre, I'ay prié pour toy, afin que tu ne faille point, ou afin que tu sois infaillible; mais seulemẽt i'a prié pour toy* afin que ta foy ne mãque, *& que Pierre tomba voirement en erreur: mais que sa foy ne defaillit point touchant l'habitude, ains seulement pour le regard de l'acte, d'autant qu'il ne nia pas le Seigneur de cœur, mais seulement de bouche*, & adiouste que *sainct Pierre s'estant releué, comme d'vn profond sommeil, du chancellement de sa trine negation, fut beaucoup plus capable, soit pour confirmer ses collegues chancelans, soit pour rassembler en l'Eglise ses freres dispersez, afin qu'ils attendissent la ressurrection du Seigneur*; & conclud que *ce priuilege a esté donné au seul Pierre à cause du prochain scandale de la Croix*. Mais qui ne voit qu'il tire ce passage par les cheueux? & que tant s'en faut que la promesse du fils de Dieu ayt esté faicte pour le seul temps de la Passion, que le texte & l'experience montre tout le contraire? car l'Euangile declare que ce fut du temps de la Passion qu'il manqua de foy, au moins exterieure, laquelle est necessaire à salut, suiuant ce que dit l'Apostre *on croit du cœur à Iustice, mais la confeßion se fait de bouche à salut*, ains il semble que les autres Apostres eurent vne foy plus ferme que sainct Pierre, pour se garantir du scandale de la croix: car bien qu'ils eussent abandonné le Sauueur, au moins ils ne le renierent pas, comme fit sainct Pierre. Et puis où trouue-il que sainct Pierre les ait confirmez durant le temps de la Passion? Partant il faut dire que le fils de Dieu promettoit à sainct Pierre cette fermeté de foy, non durant la Passion, car ce fut lors qu'il le renia, ains apres sa resurrection: & cette foy fut tellement confirmée par la descente du sainct Esprit, que celuy qui auoit tremblé à la voix d'vne simple seruante, est hardy comme vn Lyon deuant les Scribes & Pharisiens, & à la barbe des Princes de la Synagogue: car eux voulans imposer silence aux Apostres afin qu'ils ne parlassent aucunement de Iesus-Christ, sainct Pierre prend la parole pour tous & declare sans crainte qu'il vaut mieux obeyr à Dieu qu'aux hommes; & toutes leurs menaces ne le peurent empescher de prescher hautement la resurrection de nostre Seigneur en cõfirmant ses freres par la constance de sa foy. Et semble que le Sauueur luy auoit fait cette promesse lors qu'il exerceroit l'office de Lieutenant, & qu'il seroit chef & Pasteur

& pasteur visible de son Eglise, veu mesme qu'il la fit pour confirmer ses freres: ce qui ne pouuoit estre verifié tandis que nostre Seigneur estoit viuant en chair mortelle, ains apres sa passion & resurrection, apres laquelle sainct Pierre fut le Pasteur vniuersel & le chef visible de l'Eglise, & entra en possession de sa lieutenance. Et en suitte le Politique s'abuse en sa conclusion, voulant reprendre la consequence que les Docteurs Catholiques tirent de la promesse du Sauueur pour la fermeté de la foy de son Apostre. Parquoy (dit-il) *c'est vn argument fautif d'vn dire non simple à vne proposition simple & absolue, d'autant que ce priuilege ne fut dõné que à Pierre seul à cause du prochain scandale de la croix*. Car nous venons de voir que cette promesse ne se rapportoit à la passion de nostre Seigneur, ains apres sa resurrection. Elle ne fut pas aussi faicte pour luy seul, veu que c'estoit pour confirmer ses freres. Car quãd le fils de Dieu a faict quelque promesse à son Eglise ou aux pasteurs d'icelle, ce n'a esté seulemẽt pour vn temps, ains pour tout le temps qu'elle en auroit besoin; autrement il n'auroit pas bien pourueu aux necessitez

Pag. 12.

de son espouse. Or est-il qu'elle a tousiours besoin d'vn chef & Pasteur visible, puisque c'est vne congregation & vn corps visible, & qu'il faut luy parler, *dy le à l'Eglise*, & d'vn Pasteur infaillible en matiere de Foy, quand il parle en cette qualité, puis que c'est le pasteur & le chef d'vne assemblee infaillible; à fin qu'il puisse estre consulté selon les occurrences & necessitez d'icelle; d'autant qu'vn si grand corps dispersé sur toute la terre, ne peut estre consulté toutes & quantesfois que la necessité le requiert.

Pag 13.

Mais *si le seul Pape* (escrit le Politique) *& non l'assemblée de l'Eglise est infaillible, il s'ensuit que Paul pecha griefuement lors qu'il monstra que Pierre estoit reprehensible, d'autant qu'il ne cheminoit pas selon la verité de l'Euangile*, & adjouste que *cette reprehension vaut autant qu'vne appellation au Concile; ainsi que remarque le Chancelier de Paris: La raison* (dit-il) *est parce que si sainct Pierre eut resisté à S. Paul qui l'aduertissoit droictement, il n'y a point de doute que l'Eglise assemblee en Concile eut terminé ce different esmeu entre eux*. Responce que sa cõsequence n'est pas necessaire, car S. Pierre ne faillit point en cette sienne action,

& S. Paul ne pecha point auſſi en le reprenant, d'autant qu'il ne le iugea pas digne de blaſme à cauſe de l'œuure par luy iuſtement entrepriſe pour quelque tẽps par forme de diſpenſe, ains à cauſe de l'euenement qui s'en eſtoit enſuiuy, à raiſon duquel il iugea ſainct Pierre digne de reprehenſion : Et pour mieux entendre cecy, faut ſçauoir qu'en toute action humaine on conſidere deux choſes, à ſçauoir l'intention auec laquelle on entreprend vne choſe, & puis l'œuure entrepriſe tel que les hommes apperçoiuent; Quant à l'intention, il n'y a que Dieu qui en ſoit iuge & vengeur, d'autant que luy ſeul cognoit les plus ſecrettes pẽſees du cœur: mais pour le regard de l'œuure l'homme qui le voit en peut raiſonnablement iuger; & enſuitte l'Apoſtre ne pouuoit pas iuger S. Pierre digne de blaſme à cauſe de ſon intention. De rechef faut conſiderer deux choſes, à ſçauoir l'action de S. Pierre, & ce qui enſuiuoit d'icelle contre ſon intention: or c'eſt la verité que ſon œuure eſtoit licite, veu que S. Paul a ſouuent fait & obſerué la meſme choſe tant en ſa perſonne que à l'endroit de ſon diſciple Timothee, & autres uocat des Gentils, lesquels toutesfois il eut tiré par son exemple à l'obseruançe du Iudaïsme, voilà pourquoy il n'eut esté besoin d'appeller à vn Concile, veu que les deux Apostres conuenoient fort bien ensemble en la question du droict.

L'aduersaire poursuiuant ses erres pose vn autre principe, à sçauoir que la *frequẽte celebration des Synodes est simplement absolumẽt necessaire pour mieux & plus sainctement regir l'Eglise, d'autant que Aristote enseigne en ses Politiques qu'il est meilleur d'estre gouuerné par la loy que par l'empire absolu d'vn seul, parce que la loy à l'instar de Dieu est priuée d'amour, de cholere, de haine & des autres affections humaines: d'ou vient que és actes des Conciles on trouue souuent ces façons de parler, faire quelque chose contre le canon, sans le canon, contre les canons, ou selon le canon, par lesquelles manieres de parler est declaré que l'Eglise est regie par le canon.* Pag. 13.

En premier lieu aucun ne nie qu'il ne soit fort vtile, voire necessaire de faire des Synodes. Et tant s'en faut que le Pape s'y oppose, que mesme c'est sa Saincteté qui prent le soin de les assembler lors que la necessité y est afin de gouuerner plus doucement ses brebis, & ramener celles qui se sont esgarées de son troupeau. Or par ces Synodes ou il entend parler des generaux ou des prouinciaux? si des generaux, ie ne sçay pas comment on pourroit si frequemment les assembler veu que les Pasteurs de la Chrestienté, & selon luy tous les Prestres qui ont charge d'ames s'y doiuent trouuer. Car ce n'est pas chose bien facile tant à cause du hazart & commodité des chemins que pour le consentement des Princes, chacun desquels desire que ce soit en vn lieu proche de son Royaume: sans parler que les Eglises seroient frequemmẽt destituées de leurs propres Pasteurs, & outre la despence qu'il leur conuiendroit faire, & principalement si tous les Prestres qui ont charge d'ames y doiuẽt donner leurs suffrages: car on ne trouue plus maintenant de Constantins pour defrayer tous les Prelats, soit pour l'aller, soit pour le retour, & tandis qu'ils tiendroient le Concile.

Et encore que iadis ait esté necessaire de faire plus souuent des assemblées generales, ie diray franchement qu'il semble que la necessité n'y est plus à present. Il faut distinguer les temps & les siecles pour accommoder les aduis anciens auec ceux qu'on peut maintenant prendre. Toute terre ne porte mesmes fruits, ny tous les siecles pareils aduis & conseils aux affaires tant Politiques que Ecclesiastiques : alors plusieurs points de controuerse n'auoient esté definis, comme ils sont maintenant ; Et comme l'Eglise florissoit par tout l'Orient, l'Aphrique & autres lieux fort esloignez, il estoit plus que necessaire que les Pasteurs s'assemblassent pour cõferer ensẽble & aduiser à faire des ordonnances pour les donner apres à leurs Eglises particulieres auec vne correspondance de doctrine; mais à present les Pasteurs ne sont pas en peine de sçauoir ce qu'il faut croire & tenir touchant les points de controuerse : on ne manque point aussi de belles loix & de canons : au contraire il semble que ce que disoit Tacite des loix humaines peut estre verifié des canons Ecclesiastiques, pour le reglement des moeurs, *Vt olim vitijs, sic nunc legibus mundus laborat*. Tout le defaut

vient qu'ils ne sont pas obseruez, & semble maintenāt que nous pechōs plus par trop sçauoir que par ignorance, d'autant qu'il eut mieux valu n'auoir point la cognoissance de la verité que l'ayant en faire si peu d'estat. Et à quel propos des Conciles generaux si on ne veut garder leurs decrets? combien de belles loix & de belles ordonnances ont esté faictes au tressainct Concile de Trente soit pour la foy soit pour les mœurs; & cependant qui les obserue? les heretiques en sont ils mieux edifiez en leurs croyance? les Catholiques en sont ils plus deuots & mieux reglez? Et de rechef à quel propos des Conciles si longs & si penibles, si on ne veut les receuoir? Combien a on employé de temps pour celuy de Trente, combien d'allées & de venuës? combien de difficultez? Et au partir de là quel fruit en recueillons nous en France? O François si vous ne vous disposez à le receuoir, au moins auec quelque legitime exception, ie crains que Dieu ne lance ses foudres sur nous à pleines mains, comme contempteurs des loix & ordonnances de son Eglise.

O grande

O grande & tres pieuse Royne ! qui Regentez sur cete Monarchie Françoise, permettez que ie vous die que l'heureuse memoire de HENRY le Grand, qui vous couronna sur la veille de son trespas, semble vous obliger d'accomplir son veu & la promesse qu'il auoit faicte au sainct Siege, de receuoir & faire garder en ce florissant Royaume vn tant celebre Concile. Veu mesme que c'est le moyen d'affermir de plus en plus le Throsne de vostre tres honoré fils nostre souuerain Seigneur, dautant que Dieu *glorifie ceux qui l'honorent, & rend contemptibles ceux qui le mesprisent.* 1. Reg. 2. Mais ce pendant ie vous laisse à penser où nous en serions s'il falloit frequemment assembler de tels Conciles.

Que s'il entend parler des Conciles prouinciaux, il se contredit manifestement, parce qu'il ne veut pas que autre que le Concile general puisse faire des Canons. Et neantmoins rendant la raison pourquoy la frequente celebration des Synodes est necessaire, il se sert de celle d'Aristote, disant: Qu'il est meilleur d'estre gouuerné par la loy que par l'Empire d'vn seul: de sorte qu'il suppose que les Synodes dont il demande la frequence, peuuent donner la loy à la Chrestienté. Quant à la raison de l'aduersaire fondée sur le tesmoignage du Philosophe, disant qu'il est meilleur d'estre gouuerné par la loy que par l'Empire absolut d'vn seul, dautant qu'elle est à l'instar de Dieu priuée d'amour, de cholere, de hayne & des autres humaines affections. Ceste raison ne donne pas seulement contre le Pape, mais aussi contre tous les Roys & les Princes souuerains, & semble vouloir abbatre toute souueraineté. Mais si Aristote est bien entendu, c'est la verité qu'il n'a iamais pensé exclurre la souueraineté du Prince, ains l'a voulu adoucir & moderer: car luy mesme en ses Politiques lib. 3. c. 12. dit qu'il vaut mieux auoir de bons Princes que de bonnes loix, dautant qu'il est impossible que la loy puisse pouruoir à toute sorte d'affaires. Et tant s'en faut qu'il reiette le gouuernemẽt d'vn seul, que mesme il le prefere à tout autre: car apres auoir rapporté en ses Ethiques li. 8. chap. 10. les trois formes de regime, il declare que la meilleure c'est le Royaume, la pire la Republique. *Harum optima Regnum, pessima Respublica.* Il auoit appris de son maistre Platon pour apres enseigner le mesme à

Vnius dominatio bonis instructa legibus, lex il-

son disciple Alexandre, que la domination d'vn seul estant assaisonnée & munie de bonnes loix, estoit la meilleure de toutes, & que la plus foible administration des choses, estoit celle qui est entre les mains d'vne communauté.

larum omnium optima est. Gubernationem verò eam in qua nõ multi imperant, mediam censere debemus. Ceterũ multorum administrationem omnibus in rebus debilẽ atque infirmam. Plato in Politico.

Mais comment s'accorde l'aduersaire auec soymesme? Il dict pag. 7. que *Le Seigneur a voulu que l'Eglise son espouse fust gouuernée par le Canon & le conseil, par lequel les Pontifes Romains & les autres Euesques ne peussent ordonner d'aucune chose d'importance de leur propre mouuement, ou à la suasion d'vn conseil de peu de personnes, ains qu'ils assemblassent vn Concile Aristocratique de l'Eglise & le consultassent. C'est pourquoy nous lisons qu'il fut ordonné par les Saincts Peres, que les Conciles prouinciaux seroient assemblez tous les ans deux fois.* Prenez bien garde à la cause qu'il assigne pourquoy les peres anciẽs ont voulu qu'on assemblast deux fois l'année des Conciles prouinciaux: c'est affin (dit il) que les Pontifes Romains ne peussent decerner aucune chose importante de leur propre mouuement, ou à la suasion d'vn conseil de peu de personnes: Il s'ensuit donc selon sa raison, que les Conciles prouinciaux, pourront resoudre des affaires d'importance, veu qu'il dit que les peres anciens à cete occasion ordonnerent que les Conciles seroient assemblez deux fois l'an. Et neantmoins il ne veut pas que autre que le Concile general & Aristocratique de l'Eglise, puisse ordõner chose d'importance, ou faire des canons Ecclesiastiques. Et ainsi luy mesme heurte ses propres maximes, & s'enferre dans la pointe de son insuffisance.

Et puis nous disons que le sainct Siege Apostolique n'a iamais rien determiné contre les canons de l'Eglise, touchant la doctrine de la foy, ains a tousiours inuiolablement gardé & fait garder tant qu'il a peu, les decrets des Conciles generaux & legitimes. Et le Politique ne sçauroit trouuer vn seul Pape qui ait obligé l'Eglise vniuerselle de croire ou tenir vn poinct de foy, ou mesme qui en ait determiné qui fust contraire à la determination des Cõciles generaux. Et pour le regard des Canons qui concernent les mœurs & la police, Ie ne veux point d'autre responce à present que celle du politique mesme,
15. lequel dict, pag. 15. que *le Pape peut en ce cas dispenser des decrets des Synodes, ausquels le Concile dispenseroit s'il estoit assemblé.* Et pour

preuue de cecy, il allegue la sentence de Leon I. can. 2. Priuilegia *dispensatio, inquit, nobis credita est & ad nostrum tendit reatum, si paternarũ regulæ sanctionum, nobis consentientibus vel negligentibus violentur*, Et adjouste le tesmoignage de S. Bernard. li. 3. à Eugene. *Quoy (dites vous) defendez vous de dispenser? Nenny, ains de dissiper: Ie ne suis pas tãt idiot que ie ne sache que vous estes establis dispensateurs, mais pour l'edification & non pour la destructiõ: en fin on cherche entre les dispensateurs, si on en trouuera quelqu'vn fidelle: la dispense est excusable, la où la necessité presse, & là où la necessité prouoque, la dispence est louable, ie dy l'vtilité commune & non propre.* Voilà comme le politique est cõtraint luy mesme, tant la verité est forte, de recognoistre par le tesmoignage de S. Bernard qu'il allegue, que les dispenses du pape sont non seulement vtiles, mais aussi louables, moyennant qu'il y ait de la necessité. Or qu'il examine maintenant (comme iadis Caluin & vn Kemnice qui ont faict vn antidote & vn examen sur le Concile de Trente) si les dispenses du saint Siege sont fondées sur la necessité ou sur le seul plaisir, sur l'vtilité commune ou sur la propre; Et si le Concile auroit en semblables cas

Quid (inquis) prohibes dispensare? non sed dissipare: non sum tã rudis vt ignorem positos vos dispensatores, sed in ædificationem nõ in destructionem. Denique queritur inter dispensatores vt fidelis quis inueniatur, vbi necessitas vrget excusabilis dispẽsatio est, vbi necessitas prouocat dispensatio laudabilis, vtilitas dico communis non propria. Bern. l. 3. de cons.

vsé de dispense? Car en fin il accorde que le saint pere peut dispenser des Decrets, des Conciles és cas dont le Concile dispenseroit s'il estoit assemblé: Et alors nous verrons s'il a tāt de subiect de raualer l'authorité du saint Siege, & de le depeindre comme vn Duc de Venise, ou vn Roy de Pologne, qui ne font rien que ce qui a esté ordonné en plaine assemblée de ville, ou par les Estats. Et mesme semble representer le Pape & messieurs les Euesques, comme des huissiers & commissaires qui n'ont pouuoir que d'executer les arrests de la Cour: car selon luy, ils ne sont que simples instruments pour executer les ordonnances de l'Eglise, & ne peuuent resoudre aucune chose d'importance, si ce n'est en vn Concile Aristocratique d'icelle, & en fin declare qu'en matiere du regime Eccle-
27 siastique Cephas, c'est à dire pierre, est assuietti à l'Eglise, comme l'œil est subiect à l'homme.

Et d'autant que la comparaison luy plaist, voions en passant les propres fonctions de l'œil. C'est la verité que l'homme se peut tirer les yeux, mais il ne seroit pas sage d'offenser vne si noble partie, & se priuer de la lumiere: Et toutefois le Politique veut offusquer ces brillantes lumieres, desquelles nostre Seigneur a decoré le ciel de son Eglise, disant aux pasteurs d'icelle. *Vous estes la lumiere du monde*: Car il ne veut pas que le S. Pere & les Euesques en particulier soiēt nos guides & pasteurs, veu qu'il ne leur laisse que la seule execution, & non le gouuernement de leurs Eglises, au lieu que saint Paul declare qu'ils ont esté establis du saint Esprit pour regir l'Eglise de Dieu : ce qui se doit entendre non seulement en general lors qu'ils sont assemblez és Conciles, mais aussi en particulier, chacun en son Eglise : d'où vient que saint Ambroise appelloit de son tēps le Pape Damaze, le Recteur de l'Eglise. S. Bernard, duquel il se veut seruir, excelle sur ce subiect, & est si esloigné des comparaisons de l'aduersaire, qu'en verité ie m'estonne qu'il ne rougit en lisant les escrits de ce saint. *Tu és* (dit-il) parlant à Eugene Pape) *Abel en primauté, Noé en gouuernemēt, Abraham en Patriarchat, Melchisedech en ordre, Samuel en iugement, Pierre en puissance, & Christ en onction.* Or ie vous laisse à penser lequel des deux estoit plus subiect l'vn à l'autre, ou Noé à son arche, ou l'arche à Noé, & lequel des deux deuoit prendre *Bern. l. 3. de cousid. cap. 8.*

ou receuoir la loy, & tenir le gouuernail en main. Et si le Pape est vn autre Moïse en auctorité, voiez s'il y a de l'apparence qu'il soit subiect à l'Eglise, comme est l'œil du corps à l'homme. Et s'il est vn Samuel en iugement, iugez s'il ne peut rien ordonner qui soit d'importance, non pas mesme auec son priué Conseil. I'accorderois volontiers que les Pasteurs sont comme les yeux de l'Eglise, au sens de Salomon, disant que *les yeux du Sage sont en sa teste.* Ce qui ne se peut entendre des yeux corporels, lesquels sont communs aux sages & aux fols, ains de la raison, & de la prudence, qui sont les guides & les flãbeaux de la vie humaine, & qui font leurs plus nobles fonctions en la teste: car si la sagesse n'est en la teste, il sera difficile d'en trouuer en tout le reste du corps. Et en ce sens on peut bien dire que le saint Pere est comme l'œil de l'Eglise, d'autant qu'il luy sert de flambeau & de guide, & fait vne garde continuelle pour la conseruation de son troupeau. Les yeux fournissent de lumiere à l'homme pour ayder à le conduire, & l'homme voit formellement par ses yeux: & s'il en est vne fois priué, il faut necessairement qu'il marche à tastons, ou qu'il se serue

Sapientis oculi in capite eius.

Eccl. 2.

serue d'vn guide estranger & emprunté, ayant perdu le sien propre & naturel: et au moins si l'aduersaire attribuoit autant aux pasteurs pour dire qu'ils sont proprement & formellement guides, & Recteurs de leurs troupeaux. Vray est que le Politique pour obliger le saint Pere, dit que *pour l'amplification de ses priuileges & faueurs saint Pierre peut confirmer en la foy les personnes particulieres ou les Eglises dispersées par l'interpretation de l'Escriture sainte, ou des Canons:* Mais ie m'estonne qu'il ne rougit de honte d'appeller faueurs ou prerogatiues de saint Pierre, ce qu'vn simple Docteur ou predicateur peut faire, à sçauoir de confirmer en la foy des personnes priuées, ou des Eglises par l'exposition de l'Escriture, ou des Canons Ecclesiastiques. Et pour confirmer ces beaux priuileges, ou plustost pour estouffer le notable tesmoignage que dône saint Hierosme de la foy infaillible du saint Siege Apostolique, il adiouste que ce Docteur en son Epistre au Pape Damase *demanda pouuoir de dire ou de taire le mot d'hypostase, c'est à dire, l'interpretation du Concile de Nice.* Moy brebis (dit-il) demande le secours du pasteur, discernez, si vous plaist: Ie ne craindray pas de dire

Pag. 13.

A pastore (inquit) præsidium ouis flagito, discerne si placet non timebo tres hypostases dicere si iubebis.

trois hypostases, si vous le commandez. (voyez la malice de l'homme) au lieu que saint Hierosme prie le saint Pere non seulement de discerner, mais aussi de resoudre & commander, comme celuy qui pouuoit sans erreur definir la question, laquelle auoit esté mise en controuerse depuis le Concile de Nice : Le Politique malitieusement, veu que sainct Hierosme ait simplement consulté le sainct Siege Apostolique comme on feroit vn simple Docteur. Mais quoy! la seule façon de parler luy fait passer condamnation: car ce Docteur le prie non de respondre simplement, ains de commander s'il doit dire ou taire trois Hypostases : comme aussi sainct Hierosme estoit plus docte & mieux versé en l'Escriture que le Pape Damase, & pource il ne le consultoit pas comme Docteur particulier, ains comme le successeur de sainct Pierre, la foy duquel ne pouuoit manquer pour la confirmation de ses freres.

Oportet ergo ex his viris qui nobiscum sunt congregati &c.

Act. 1.

Ce fut aussi sainct Pierre qui parla le premier, & qui ordonna comme President qu'il faloit eslire quelqu'vn en la place de Iudas pour seruir de tesmoin de la Resurrection du Sauueur. Ce fut aussi le premier (comme par tout ailleurs) qui parla au Concile des Apostres sur la question qui estoit de si grande importance, à sçauoir si la loy de Moyse deuoit estre obseruée auec l'Euangile touchant la Circoncision & autres ceremonies legales: car les autres Apostres & anciens de l'Eglise, ayans concerté sur icelle, il se leua sus pieds, & leur dict: *Mes fréres, vous sçauez que dés long temps Dieu a choisi d'entre nous que les Gentils ouyssent par ma bouche la parole de l'Euangile, & qu'ils creussent: Et Dieu qui cognoit les cœurs, leur en a rendu tesmoignage leur donnant le S. Esprit, comme à nous &c. Pourquoy donc maintenant tentez vous Dieu pour mettre vn joug sur le col des Disciples, lequel ny nos peres ny nous n'auons peu porter?* Voylà comment saint Pierre, comme Prince des Apostres, donne le premier la sentence: Et mesme il semble qu'il definit la question par la preference de son suffrage: car saint Iacques & tous les autres anciens & prestres ensemble suiuirent son aduis, à sçauoir de n'obseruer plus la Circoncision ny les autres choses appartenantes à la loy de Moyse:

Vide seruorem quàm agnoscit sibi creditum à Christo gregem? Quàm in hoc choro princeps est, & vbique primus omnium incipit loqui? Chrysost. hom. 3. in Act.

Surgit Petrus non Iacobus & velut feruentior & velut is cui discipulorum præsidentia cõmissa erat. Oecum. in cap. 1. Act.

Act. 15.

Car pour le regard de l'abstinence de la chair auec son sang, dont S. Iacques parle apres, cela n'estoit pas ordonné particulierement aux Iuifs, ains à tous les Gentils en general deslors que Noë sortit de l'Arche : Quant à l'vsage des autres animaux immondes qui signifioient les Gentils, on n'y auoit plus d'esgard, attendu que les Gentils estoient receus à la foy de l'Euangile, & que la figure prenoit fin à la presence de la verité.

Et certes ie ne sçay pas comment on se peut asseurer de la validité d'vn Concile ou de la determination d'vn point de foy iusques à ce que le sainct Pere ait parlé soit en personne, soit par ses Legats, ou qu'il ait approuué ses Decrets; car outre que le Fils de Dieu promettant vne foy infaillible à l'Eglise entendoit parler d'vne Eglise visible qui a vn chef visible conforme à son corps, autremẽt elle seroit monstrueuse, & que ce n'est au corps de donner la loy à la teste, ny aux brebis de conduire le pasteur; Ie demanderois volontiers pourquoy quelques Conciles generaux sont estimez legitimes &

d'autres illegitimes, si ce n'est par ce que les vns sont approuuez du sainct Siege Apostolique,& les autres reprouuez? pourquoy le Concile d'Antioche tenu l'an quatriesme de l'Empire de Constance & encore le Concile general de Milan où il y auoit plus de trois cents Euesques, & celuy d'Arimini où se trouuerent quelques six cens Euesques soubs le mesme Constance, & le second d'Ephese soubs Theodose, n'ont ils esté receuz & recogneuz legitimes, aussi bien que celuy de Nice du temps du grand Constantin, & celuy de Rome soubs Constance (auquel Athanase fut iustifié) si ce n'est d'autant ou que Osius estoit Legat du saint Siege en celuy de Nice, ou que les decrets en furent enuoyez à sainct Syluestre Pape, pour estre approuuez (à cause dequoy sainct Hierosme demanda depuis à Damase Pape l'interpretation de ce Concile, ainsi que le Politique mesme confesse, bien qu'il fut plus docte que luy.) Et qu'en celuy de Rome, combien qu'il ne fut que national le Pape Iules presidoit en personne. Au contraire les autres n'auoient esté approuuez du sainct Siege Apostolique, ou mesme par ce qu'ils auoient definy nonobstant l'opposition de ses Legats, comme au second d'Ephese, ainsi qu'il appert par l'Epistre de sainct Leon 24. & 25. Et ainsi des autres n'ayant mis ceux cy en auant que par exemple. Car de nous alleguer des raisons humaines & des defauts qui peuuent arriuer, soit en la conuocation des Conciles, soit quād on les tient, ou à l'issuë, ce ne seroit iamais faict; car on pourroit tousiours se couurir de semblable pretexte pour refuser les decrets d'vn Concile, ainsi qu'on a voulu faire du tres sainct Concile de Trente, bien qu'il n'y eut rien à redire. Et ie demande vne regle & vne raison diuine, affin de m'asseurer de la validité des ordonnances du Concile? La raison est, dautant que l'aduis des Euesques assemblez n'est pas le dernier iugement de l'Eglise. Et sans m'arrester à plusieurs tesmoignages pour preuue de cecy, la seule practique des Cōciles qui enuoyent tousiours au Pape pour les approuuer est suffisante pour montrer que sa sentēce & approbation est le dernier iugement de l'Eglise,& que la verité infaillible d'iceux depend de son approbation.

Et dautant que plusieurs ont coustume d'opposer le pape Iean 21. ou 22. lequel voulut determiner que les ames des Saints ne voient point Dieu deuãt la Resurrectiõ des corps, nous nous cõteterons de rapporter icy & rendre en François la responce d'vn des plus illustres Theologiens de nostre faculté, lequel fait ordinairement couler vn fleuue d'vne eloquence Tullienne dans les escholes de Sorbonne, & remplit les esprits de ses auditeurs d'vne celeste sapience, mariant les beaux discours auec la solidité de la doctrine. Nous respondons (dit-il) que Iean 21 bien qu'il ayt esté en ceste opinion comme Docteur priué, d'autant que l'Eglise n'auoit rien apertement decerné; toutefois il ne fit iamais aucun Decret, & ne proposa iamais la chose pour estre creuë des fidelles, comme il appert par la Bulle ou extrauagante de Benoist X. de laquelle nous auons souuent fait mention. Or Benoist X. declare disertement en icelle, que comme Iean

M.r de Gamaches.

pontife se disposoit pour decider la question, ayant assemblé des hommes doctes pour ceste cause, fut preuenu de mort, & ne peut acheuer son entreprise, & qu'il est tesmoin de cela, parce qu'il estoit lors au consistoire des Cardinaux. A cecy faut ioindre la declaration de l'Eglise Gallicane, laquelle s'estant assemblée au chasteau de Vincenes par le commandement de Charles VI. pour traitter de cet affaire, toutes choses ayant esté meurement considerées auec vn diligent examen, & où se trouuerent plusieurs Euesques, Prelats & Docteurs en Theologie, & entre autres Paludanus Patriarche de Hierusalem: Le pape Iean fut iustifié de ceste calomnie, & fut conclud qu'il n'auoit iamais definy ceste question: En tesmoignage dequoy on fit vn instrument publiq signé de la main de Paludanus & des autres Euesques, & orné de tres beaux seaux, lesquels nous-mesmes auons veu entre les mains des peres de saint Dominique. Les autres adioustent que Iean XXI. retracta ceste opinion deuant sa

mort:

mort; C'eſt ce que remarque Iean Villanus hiſtorien de ce temps là, liu.11. des affaires des Florentins chap.19. Ce que doit plus que ſuffire pour ſatisfaire à Adrian, Gerſon & autres, veu meſme que pas vn de ceux là ne dit auoir veu le decret de Iean xxj. ains qu'ils l'auoient appris par la relation d'autruy. C'eſt la reſponce de ce pieux & docte perſonnage, à laquelle ie ne veux rien adjouter eſtant plus que ſuffiſante pour fermer la bouche à la calomnie quand bien elle ſeroit incarnee & toute viue. Et quand on dit que le dernier iugement de l'Egliſe appartient au S. Siege, on ne nie pas que meſſieurs les Eueſques ne puiſſent auoir la cognoiſſance de la verité des points qui ſont propoſez & concertez en plein Concile: car nous pouuons dire librement auec les peres du Concile d'Affrique, ce que l'aduerſaire nous oppoſe, à ſçauoir, qu'il n'eſt pas croyable que Dieu inſpire à chacun particulier l'examen de la Iuſtice, & qu'il le deſnie à vn nombre infiny d'Eueſques aſſemblez. Mais cõme ce n'eſt aſſez que le magiſtrat ſçache le iugement qu'il doit donner, ains il faut qu'il prononce la ſentence pour obliger Pag.10.

les parties; Il ne suffit pas aussi que Messieurs les Prelats ayẽt cette nue cognoissance de la verité, ains il faut que le Pape comme le president ou plustost comme le Prince souuerain en ses Estats pronõce la sentence ou approuue ce qui auroit esté resolu pour nous obliger à le croire, d'autant que le dernier iugement de l'Eglise luy appartient. De dire que le sainct Siege ne nous peut obliger si nous ne consentons librement à ses ordonnances, où s'il n'a consulté l'Eglise au preallable, comme veut le politique, c'est cõme si on disoit que le Prince souuerain ne peut obliger ses subjects par vn sien Edit qui tend au bien & à la conseruatiõ de son Estat, s'ils ne consentent à le receuoir: car on ne peut iustement nier autant de pouuoir au sainct Siege sur l'Eglise touchant les choses Ecclesiastiques, & qui concernent le salut & la conduitte de nos ames, comme à vn Prince en son royaume pour les choses temporelles. Et comme les bons & fideles subjects reçoiuent les loix du Prince, & y obeyssent, moyennant qu'elles ne soient pas appertement contre les commandemens de Dieu qui peut liurer nos ames

& nos corps aux flammes eternelles : de mesme c'est aux brebis à obeyr à leur Pasteur auec la mesme legitime exception. Mais de penser examiner à tous propos ce qu'il aura ordonné pour le bien de l'Eglise soit en general soit en particulier; c'est comme qui voudroit contreroller les conseils & aduis du Prince, ou les Arrests de la Cour quand les parties se sentent interessees, & examiner si elle a iugé selō les loix & ordonnāces du royaume.

L'aduersaire confesse bien que la *plenitude de l'authorité pontificale s'estend sur les Eglises particulieres dispersées par le monde, mais non sur l'Eglise vniuerselle congregée en Concile. Et puis pour l'exequution, interpretation & dispense, mais non pour faire des canons s'il ne preside luy mesme au Concile, ou par ses Legats, & s'il ne receoit les suffrages & le consentement de tous les Peres.* Pag. 15.

Mais outre que l'Eglise recognoit en ses prieres publiques, le sainct Pere pour chef vniuersel d'icelle, ainsi que nous auons veu des le commencement, *quem pastorem Ecclesiæ tuæ præesse voluisti*, & non des Eglises en particulier, d'autant qu'elles ont leurs particuliers Pasteurs, car il sembleroit qu'on voulut exclurre les Euesques de leur propre charge, si on disoit que le Pape fut le chef, l'Euesque ou le Pasteur des Eglises particulieres: Qui ne void que le Politique est vn mocqueur, d'autant que ce qu'il accorde d'vn costé au sainct Pere, il le luy oste de l'autre? car tout le pouuoir qu'il luy donne sur les Eglises particulieres, est de les faire assembler pour tenir vn Concile general, & cependant il enseigne que l'Eglise est suffisante ouuriere de soy mesme, & qu'elle peut de soy assembler vn Concile, & mesme semble attribuer le pareil pouuoir aux Princes temporels, d'autant (dit il) que cela regarde l'exequution de la loy diuine, naturelle & canonique. Et encore ne donne pas tant de pouuoir au Prince de l'Eglise sur l'Eglise, comme aux puissances temporelles: car il leur attribue le pouuoir *de faire des loix & d'inserer dans leurs edits des Codes & des chapitres pour l'exequutiō des canōs Ecclesiastiques, comme iadis ont fait les Empereurs Constantin, Theodose, Iustinian, &c.* Vray est qu'il reserue les dispenses & l'interpretation au sainct Pere; Mais c'est apres luy auoir lié les mains; car il tient

Pag. 12.

Pag 21.

que le ſommaire de la iuriſdiction exterieure de l'Egliſe, conſiſte au pouuoir d'excommunier : & n'en laiſſe que la ſimple exequution au Pape & aux Eueſques. Et pource il nous obligera de nous eſclarcir plus particulierement, ſur quoy le ſainct Siege Apoſtolique peut diſpenſer, & comment il peut interpreter les loix : Et de nous dire franchement s'il voudroit ſe tenir à ſes interpretations : car ce ſeroit touſiours la meſme queſtion à ſçauoir ſi ſon interpretation ſeroit legitime & canonique.

Et puis ſi le Pape doit receuoir le conſentement de tous les peres, qu'aura-il plus qu'vn ancien Eueſque, lequel recueilleroit les voix, & concluroit auec le conſentement de toute l'aſſemblée ? Il aura donc moins de pouuoir que n'a le ſimple Doyen d'vn chapitre, lequel ayãt recueilly les ſuffrages de ſes confreres, peut conclure de quel coſté qu'il voudra quand les voix ſont miparties, ou meſme (ſelon aucuns) quand bien il y auroit vne voix plus d'vn coſté que d'autre, par ce qu'il a ſa voix qui les rend egales & puis la preference à cauſe de ſa dignité qui l'emporteroit. Et ainſi le Lieutenant de Iesus-Christ aura moins de pouuoir au Concile que n'a vn simple Doyen en son chapitre, & ne pourra conclurre du costé de la plus saine partie, ny mesme s'il n'a le consentement de tous les peres.

Et d'autant que le Politique prouoque, non seulement au tesmoignage des anciens; mais aussi *à la pratique de l'ancienne Eglise*, ainsi que nous auons remarqué sur son second principe, ie suis content de ioindre encore cecy pour le contenter.

Enuiron l'an de grace 198. du temps que Victor tenoit le Siege de sainct Pierre, il s'esmeut vn grand debat en la Chrestienté, touchant la celebration de la Pasque, d'autant que la pluspart des Eglises d'Asie la vouloyent celebrer le 14. iour de la Lune en quelque iour qu'il peust arriuer, en retenant la coustume ancienne des Iuifs pour le regard du temps. Le pape Victor pour remedier à ce grand desordre donna pouuoir & authorité à Theophile Euesque de Cesarée en Palestine d'assembler vn Concile des Euesques tant de sa prouince que de diuers autres lieux où il fut resolu que la Pasque seroit desſormais celebrée le iour de Dimanche, quelque iour du mois qu'il arriuaſt, ainſi que remarque le venerable Bede. Et non content le meſme Victor aſſembla vn Concile à Rome, où le meſme fut reſolu, Euſeb. l. 5. c. 22. & en ſa Chronique. *Euſeb. l. 5. c. 23. 24. 25.*

Neantmoins ceux d'Aſie aſſemblez en Concile par l'Eueſque Polycrates, s'opiniaſtrerent refuſans de celebrer la Paſque en autre iour que le quatorſieſme de la Lune, à cauſe dequoy le Pape les excommunia. Voyez vous comme la verité infaillible tourne touſiours du coſté du S. Siege Apoſtolique, & comme les Conciles aſſemblez, & les reſolutions priſes ſans ſon adueu ou approbation ne ſont point valables, ains ſubjectes à erreur. Ie ſçay qu'on a voulu taxer le Pape de trop grande rigueur enuers les refractaires, veu meſme qu'il ſemble que S. Irenee n'approuua pas cette rigoureuſe procedure, comme on voit par ſa lettre, laquelle eſt rapportee par Euſebe: mais ce qui meut le ſainct Pere d'en vſer de la façon, fut d'autant que ces opiniaſtres auſquels les precedans Papes auoient permis de celebrer le 14. iour, n'en vouloient plus faire ainſi par permiſſion, ains y vouloient adjouſter la neceſſité en condemnant la couſtume de Rome qui eſtoit de celebrer touſiours la paſque au iour du Dimanche, & ainſi formoient vn ſchiſme parmy le peuple, iuſques à là qu'vn certain Blaſtus tachoit de perſuader le peuple Romain à cela meſme: & d'ailleurs les Cataphriges & Montaniſtes ne demãdoient autre choſe pour diuiſer l'Egliſe, voila pourquoy le ſainct Pere à qui les brebis du Sauueur ont eſté commiſes, comme paſteur vniuerſel de ſon troupeau, ordonna infailliblement ce qu'il faloit tenir, & excommunia ceux qui s'opiniatroient au contraire. *Pacian. de Catholic. nomin. ad Sympron. Sozom. l. 7. c. 18. & 19. Tertull. de præſcript. heret. Euſeb. l. 5. c. 19. Niceph. l. 4. c. 36.*

Dauantage vn grand contraſte eſtant arriué entre les Chreſtiens, touchant le bapteſme conferé par les heretiques, & pluſieurs Conciles s'eſtans aſſemblez de tous coſtez en Aphrique ſoubs ſainct Cyprien primat d'icelle, en Aſie ſoubs Firmian, en Alexandrie ſoubs Denys, en Iconie & en Synade, tous conclurent à vn erreur, à ſçauoir qu'il faloit baptiſer ceux que les heretiques auoient baptiſé,

baptisé, disant que leur baptesme n'estoit point baptesme, & qu'il ne valoit rien. Que fit le Pape Estienne qui estoit assis en la chaire Apostolique? Il resolut tout le contraire conformement à la tradition ancienne & excommunia Firmilian & ceux de Cilice, Capadoce & Galatie, *Euseb. l. 7. c. 4. Cypr. ep. 74. ad Pompeium. Sabrat. August. de baptis. cõtra Donat. liu. 5. & l. 2. c. 1.* Là où sainct Augustin dit en passant, *Magnum quidem meritum nominis Cypriani Episcopi & martyris, sed numquid maius quàm Petri Apostoli & martyris?* Et en fin tous vaincus par la verité & par l'authorité du sainct Siege s'accorderent à ce qu'il auoit decerné, *En fin* (escrit Vincent Lirinense) *quelles forces eut le Concile ou le decret d'Affrique? nulles par la grace de Dieu, ains toutes choses furent abolies, reiettees & foulees comme songes, comme fables, comme choses superflues. Postremo ipsius Africani Concily siue decreti, quæ vires donante Deo nullæ, sed vniuersa tanquam somnia, tanquam fabulæ, tanquam superflua abolita, antiquata, calcata sunt.* Voyez S. Cypr. ep. 70. iusques à 77. sainct Augustin du Baptesme contre les Donatistes, & contre Cresconinus, &

Sainct Hierome contre les Lucferiens.
Vous remarquerez aussi auec sainct Augustin en son Epistre 48. *ad Vincentium*, que sainct Cyprien, & les peres d'Affrique changerent d'aduis, & consentirent auec l'Eglise Catholique.

Denys Patriarche d'Alexandrie recognoissant son erreur, embrassa aussi la sentence du Pape Estienne. Et d'autant que c'estoit la coustume en l'Eglise de consulter le sainct Siege Apostolique lors qu'vne heresie nouuelle s'esleuoit, le mesme Denys, quoy qu'il fut Patriarche du plus noble siege apres le siege de Rome, aduertit le Pape Xiste d'vne heresie nouuelle touchant la tres-saincte Trinité, à sçauoir de Sabellius disciple de Noetus qui confondoit les personnes diuines. Voyez Eusebe liu. 7.

Et pour monstrer que la primauté de l'Eglise d'Alexãdrie releuoit de l'authorité de l'eglise Romaine, sainct Athanase Euesque d'Alexandrie estãt calomnié des Euesques Arriens, & condamné par leur iugemẽt eut son recours à Iules Põtife Romain, lequel fit aussi appeller les Arriens deuant soy en iugement par vn sien rescrit. C'est ce que remarque Theodoret, *lequel* (dit) *suiuant le canon de l'Egli-*

se leur commanda de venir à Rome, & appella aussi le diuin Athanase à fin qu'il respondit pour soy mesme en iugement. Il parle du canon sixiesme du grand Concile de Nice qui commence ainsi, *Quod Ecclesia Romana semper habuit primatum; tenuit autem & Ægyptus, ut Episcopus Alexandriæ omnium habeat potestatem: quoniam & Romano Episcopo hæc est consuetudo*, Toutefois les premieres paroles, à sçauoir, *quod Ecclesia Romana semper habuit primatum*, ont esté tronquees possible par les Grecs, ou il faut dire qu'elles seruoient de tiltre au canon, & qu'on les obmit parce qu'il n'y auoit point de tiltre en tous les autres. Il semble que le sens du canon est tel, à sçauoir, que de la primauté de l'Eglise Romaine est arriué que l'Egypte a vn siege & vn Euesque Primat, & que l'Euesque d'Alexandrie a la puissance sur toutes les eglises qui sont en Egypte, laquelle contient la Lybie & Pentapoli, d'autãt que c'est la coustume de l'Euesque de Rome: car il rend la raison & la cause pourquoy l'Euesque d'Alexandrie (qui auoit obtenu sa primauté de Rome, à sçauoir de S. Pierre par sainct Marc premier Euesque d'Alexandrie) a souz soy tous les Eues-

Ille Ecclesiæ canonem sequutus, & eos iussit Romam venire, & diuinum Athanasiũ, quo pro se in iudicio ipse responderet vocauit. Theod. l. 2. c. 4.

ques de la prouince, d'autant que la coustume de l'Euesque de Rome estoit de le luy accorder ainsi. C'est ce que confirme Leon Pape pour reprimer l'audace & la violence d'Anatolius Euesque de Constantinople qui vsurpoit les droicts de l'Eglise d'Alexandrie & d'Antioche par des canons supposez : car escriuant à Anatolius il luy mande cecy. *Non conuellantur principalium iura primatuum, nec priuilegiis antiquitus institutis Metropolitani antistites fraudentur. Nihil Alexandrinæ sedi, eius, quam per S. Marcum Euangelistam B. Petri discipulum meruit, pereat dignitatis Antiochena quoque Ecclesia, in qua primum prædicante B. Apostolo Petro Christianum nomen exortum est, in paternæ constitutionis ordine perseueret, & in gradu tertio collocata: numquam se fiat inferior.* Il escriuit le mesme à l'Empereur Marcianus & à l'Imperatrice Pulcheria. Ie sçay bien que aucuns se sont imaginez sans raison que ces paroles qui sont selon la commune edition, *Quia vrbis Romæ Episcopo parilis mos est vel similis*, rendent la puissance de l'Eglise d'Alexādrie égale à celle de Rome, mais ils sont appertemēt refutez par la practique mesme; car Denys Euesque

Leo ep. 53. & 55.

d'Alexandrie accusé par les Euesques de Libye, plaida sa cause deuant Denys pōtife de Rome, & fut par luy absouz. Et S. Athanase du temps du grand Constantin appella de deux Conciles, à sçauoir de Tyr, & d'Antioche par deuant le Pape Iules qui enuoya sōmer les Euesques d'Orient de se trouuer à Rome où sainct Athanase s'estoit rendu, & ou il demeura vn an & demy pour les attendre : & en fin le Pape ayant examiné sa cause auec les Euesques d'Italie, le iustifia des crimes dont il auoit esté chargé & le restablit en son Siege, & ensemble plusieurs autres Euesques d'Egypte qui auoient esté condānez & deposez par sentēce du Cōcile d'Antioche. Et encore depuis Vrsasius & Valēs qui auoient faussemēt accusé Athanase recogneissans leur faute allerent à Rome trouuer le Pape Iules pour le supplier de les receuoir à la communion & à la penitence. C'est ce que remarque Epiphane heres. 65. contre la secte de Meletius Egyptien tom. 2. l. 2.

Athan. Apol. 2. & Ep. ad Solitar.

Iules I. escriuit aussi aux Euesques d'Orient comme ensuit. *Quam culpam incurrere non potuissetis, si vnde consecrationis honores accipitis, inde legem totius obser-*

Iulius 1. ep. 1. ad Oriental.

uantiæ sumeretis, & B. Apostoli Petri sedes, quæ nobis Sacerdotalis mater est dignitatis, esset Ecclesiasticæ magistra rationis.

En fin on peut recueillir du tesmoignage de sainct Augustin comme ce grand prelat, & tous les Euesques d'Aphrique deferoient au Pape de Rome, & luy portoyent tant de respect qu'ils ne vouloyent rien determiner sans son authorité, voyez son epistre. 90. qu'il adresse à Innocent & Ep. 91. 92. & celle d'Innocent aux Euesques, où entre autres choses, il dit *Quoties fidei ratio ventilatur, arbitror omnes fratres & coepiscopos nostros non nisi ad Petrum, id est sui nominis & honoris auctorem deferre.*

Epist. ad Conc. Milevit. quæ est 93. inter ep. D. Aug

De tout ce que dessus il apparoit par la practique ancienne de l'Eglise que le Siege Romain a tousiours esté recognu souuerain par dessus tous les autres: & que les Euesques & Prelats n'ont point trouué de plus asseuré refuge que le saint Siege Apostolique, tant pour la determination des points de doctrine, que pour mettre fin à leurs differens. Que si en toutes choses on ne voit reluire son authorité en ses premiers siecles, il ne faut s'en esbahir, d'autant qu'on sçait bien, que la lumiere n'est pas si grande au point du iour comme en son midy: Et Dieu mesme selon la description de Moïse employa six iours pour la perfection de l'Vniuers: voila pourquoy c'est chose desraisonnable de demander la lumiere de l'authorité du S. Siege autant claire & brillante au Ciel de l'Eglise en son Orient comme en son Midy.

Voyons ce que dit au reste l'Aduersaire pour acheuer ce petit discours. Il escrit qu'il fut *ordonné du Concile Romain de deux cents quatre vingts Euesques que le premier Siege desirant faire la Iustice, ne seroit iugé ny d'Auguste ny de tout le Clergé, ny des Roys, ny du peuple: Mais que l'eschole de Paris s'appuyant sur les decrets du Synode de Constance, enseigne que le Pape peut seulement estre iugé du Concile en ce cas, auquel il scandalize notoirement l'Eglise & est incorrigible: Mais que s'il desiroit garder la Iustice il ne peut estre iugé d'aucun, attendu que la loy n'est point donnée au iuste, car il est vne loy perpetuelle à soy-mesme.* Pag. 25. & 26.

Ie reçoy sa premiere confession, quoy qu'il tasche de reietter ce Canon par des raisons friuoles, disant qu'il fait mention de Roys, & qu'alors il n'y auoit point de Roys, ains seulement des Empereurs Romains; car le Concile voulant monstrer que le sainct Pere ne pouuoit estre iugé par aucune puissance du monde, faict mention des plus releuées sans auoir esgard s'il y auoit lors des Rois ou non. Ioint qu'il y a eu des Seigneurs qui ont porté le tiltre de Roys soubs les Empereurs, comme iadis le Roy Pharao, & autres qui releuoient de l'Empire Romain. Et apres l'auoir aduerty que le Concile de Basle ne fit point vn decret au contraire en forme de conclusion, comme il semble qu'il veut dire vn peu deuant, lors qu'il apporte vne glose d'Orleans à ces paroles, *Neque ab omni clero* disant que cela se doit entendre de quelque Eglise particuliere & non de l'Eglise en general assemblez en Concile, *tel que est* (dit-il) *le Concile de Constance ou de Basle*, Ie m'estonne de la raison qu'il rend pour confirmer l'aduis du Concile de Constance, à sçauoir que le Pape desirant rendre la Iustice ne peut estre iugé d'aucun, *d'autant que la loy n'est point donnée au iuste*. Car cette raison est si generale qu'il n'y a homme de bien au monde de quelque condition qu'il soit, fut il

vn

vn pauure sauetier, auquel elle ne conuienne ; au lieu que cette exception ne deuoit regarder que le sainct Pere, ou quelque autre puissance souueraine. Et si par ces mots *ny de tout le clergé*, il falloit entendre vne Eglise particuliere , on sçait bien qu'vn Euesque mesme ne peut estre iugé de son Eglise : & ainsi le Concile n'auroit rien dit de nouueau, & n'auroit rien attribué au sainct Siege plus qu'à vn simple Euesque. Et les Roys mesme n'entreprennent pas de iuger les Euesques, ains s'en sont rapportez à vn Concile national ou prouincial, pour examiner leur cause, & donner sentence ; comme nous lisons auoir esté pratiqué en France, au rapport de Gregoire de Tours. Et nos Roys tres-Chrestiens ont porté tant de respect au commun Pere de la Chrestiété, que Charlemagne Roy & Empereur estant allé à Rome pour cognoistre de la cause de Leon Pape , voyant qu'vn fort grand nombre d'Euesques assemblez en Concile pour ce subiet s'escrierent tous d'vne mesme voix qu'il n'estoit pas permis de iuger le souuerain Pontife , desista de son entreprise, & se contenta de le faire purger par serment, bien qu'il fut accusé de plusieurs crimes. C'est ce que rapporte Paul Emile en son histoire des François, & Platine en la vie de Leon III. le tesmoignage duquel est d'autant plus fort qu'il estoit peu affectionné aux Papes. Mais faut il s'en estonner, veu que le grand Constantin rendoit bien ce mesme respect aux simples Euesques ? car quand les Euesques factieux luy presentoient des libelles contre leurs confreres, il les ietta dedans le feu disant, au rapport de Sozomene: *Il n'est permis, moy estant homme, de m'attribuer la cognoissance de telles causes, veu principalement que les accusateurs & les accusez sont Prestres*: ou mesme selon que Ruffin tesmoigne, *Dieu vous a* (dit-il) *estably Prestres, & vous a donné puissance de iuger de nous mesmes: & pource nous sommes par vous directement iugez des hommes, parquoy attendez entre vous le iugement de Dieu seul.* Constantin qui a faict tant de belles ordonnances en faueur des Clers, & si auantageuses que les nobles, & les plus riches couroient à la clericature pour iouyr des priuileges & immunitez par luy concedées. Empereur qui enuoya vn escrit en forme d'Edit à

Paul. Em. liu. 5.

Sozom. l. 1. cap. 16.

Ruffin lib. 1. cap. 2.

l. 6 c. de Ep. & cler. C. Theod.

l. 1. de Epis. Ind. C. Theo.

Ablauius Prefect *à Prætorio*, par lequel il permettoit aux parties tant seculieres que regulieres de plaider par deuant leur Euesque, quoy qu'vne des parties y resistast: voulant que la sentence de l'Euesque seruit d'arrest, & que le Magistrat la fit exequuter. C'estoit bien loin de reputer les Euesques & le souuerain Pontife, comme des simples huissiers ou commissaires.

Ce grand Prince sçauoit tres-bien que les puissances tant seculieres que Ecclesiastiques, se conseruent par mutuels respects & benefices, & que celuy qui honore Dieu en ceux qui sont plus particulierement dediez à son seruice, sont glorifiez de Dieu: & que ceux qui les mesprisent le mesprisent: Et en fin qu'il faut rendre à Cesar ce qui appartient à Cesar, & à Dieu ce qui est à Dieu.

Partant ie clorray ce discours par la sentence de sainct Leon, lequel escriuant aux Euesques de Cicile dit, Quiconque veut desnier la principauté à Pierre, ne peut aucunement amoindrir sa dignité, ains enflé de l'esprit de son orgueil il se precipite soy-mesme dedans les enfers. *S. Leo Epist. ad Episc. Ciciliæ.* *Quisquis Petro principatum æstimat dene-*

gandum, illius quidam nullo modo poteſt minuere dignitatem, ſed inflatus ſpiritu ſuperbiæ ſuæ ſemetipſum in inferna demergit,

Quant à la puiſſance des Princes tẽporels dont il parle, ie recognoy comme eſtant Chreſtien & naturel François, l'honneur qu'on doit rendre aux princes, & particulierement à nos Roys tres-Chreſtiens, leſquels ſur tous autres ont bien merité de la religion Chreſtienne. Ie ſcay le reſpect, le deuoir, l'hommage, & l'obeyſſance que nous leur deuons, om m e à nos ſouuerains maiſtres & Seigneurs. I'ay appris en l'eſchole de l'Egliſe, que toute puiſſance vient de Dieu, & que celuy qui reſiſte à la puiſſance reſiſte à l'ordre que Dieu a eſtably au monde, & qu'il faut non ſeulement obeir aux bons, mais auſſi aux indiſciplinez. C'eſt la doctrine de ſainct Paul & la doctrine du Prince des Apoſtres, laquelle ne peut eſtre meſpriſee ſans impieté. Ie dy auec ſainct Bernard eſcriuant à Eugene, *Vous errez ſi vous penſez que voſtre puiſſance Apoſtolique, comme elle eſt ſouueraine, ſoit auſſi ſeule inſtituee de Dieu: ſi vous croyez cecy, vous ne conuenez pas auec celuy qui dit, Il n'y a point de puiſſance que de Dieu: & partant ce qui suit, Celuy qui resiste à la puissance, resiste à l'ordonnance & au reglement de Dieu, combien que cela fasse principalement pour vous non toutesfois priuatiuement à tout autre : en fin le mesme dit. Toute ame soit subiecte aux plus releuees puissances: il ne dit pas à la plus haute, comme en vn seul, ains aux plus hautes, comme en plusieurs, & partant la puissance n'est pas seule du Seigneur, il y en a de mediocres, il y en a d'inferieures.* Ie recognoy aussi la puissance des Magistrats establis pour rendre la iustice, sans laquelle les royaumes seroient des brigandages : & que la Cour touchee d'vne affection vrayement Royale, ne tend qu'à la conseruation de l'Estat. Ce sacré Senat a voulu dire ces iours passez qu'il faut porter tant d'hõneur, & de respect aux Roys, que s'il estoit loisible de violer le droict diuin ou Ecclesiastique, il faudroit par maniere de dire le violer pour la conseruation de leurs sacrees Majestez : car cõme l'Estat ne se peut conseruer sans la religion, de mesme la religiõ ne peut estre conseruee sans l'Estat : ce sont les deux poles d'vn royaume, & les deux colomnes d'Hercules, la pieté & la iustice. Il a fait comme le soigneux Iardinier, qui

S. Bern. l. 3. de consider. cap. 10.

voyant vne plante panchãte d'vn costé, la fait tourner de l'autre non pour la laisser ainsi : car il lairroit le defaut qu'il en veut oster, ains à fin de la rendre par ce moyen plus droicte. Son intention a esté de preuenir l'audace & fureur de quelques demoniaques, lesquels penseroient attenter à la Maiesté de nos Roys & en suitte contre le bien general de l'Estat, qui ne se peut maintenir que par son Prince, & contre la religion mesme laquelle se conserue par l'Estat. Il faut rendre toute sorte de deuoir & d'obeyssance aux Roys qui sont les Oincts de Dieu; il ne faut pas aussi raualer l'authorité des Princes de l'Eglise, ny du pere commun de la Chrestienté, en l'arbitre duquel (comme dit le grand sainct Hilaire) les clefs de l'entree celeste sont donnees. Mais aussi comme ce grand Dieu peut infiniment plus qu'il ne fait, & n'exige pas de ses subiects tout ce qu'il pourroit à la rigueur : de mesme il semble que les puissances souueraines, viues images de la diuinité, ne doiuent pas faire tout ce qu'elles peuuent ; & on dit communement, *Summum ius summa iniuria.*

Cuius arbitrio claues cælestis aditus traditæ sunt. Hil. 5.

Et au reste ie me suis estonné de premier abord de ce que le politique semble vouloir remettre sur les elections aux benefices, comme estans plus canoniques, disant *que c'est chose tres-manifeste par la pratique de l'Eglise primitiue & des sacrez Canons que les collations des benefices, comme on les appelle maintenant, ont esté faites l'espace de mille & quatre cents ans, selon le droit commun, c'est à dire par elections sacrosaintes, d'autant que toute principauté, pour le regard de la puissance coactiue, depend du consentement des hommes.* Car il me semble que c'est vne proposition bien hardie, veu que la nomination des meilleurs benefice de ce Royaume, a esté concedée du sainct Siege à nos tres-Chrestiens Roys, & encore à Messieurs de la Cour pour vn benefice à chacun en particulier, pour y nommer tel qu'il voudra, supposé qu'il soit capable selon la qualité du benefice. Quoy qu'il en soit, ie diray pour luy fauoriser, comme il a voulu fauoriser le Pape, que il semble, sauf meilleur aduis, qu'il seroit à desirer que Messieurs les Euesques priassent le sainct pere de leur ceder la collation des benefices qui ont charge d'ames, en sorte neaumoins qu'ils ne peussent confe-

Pag 4.

rer benefice à aucun qu'il n'eut auparauant donné vne preuue publique de sa capacité & par dispute, outre le tesmoignage de ses bonnes mœurs, prudence & preud'hommie (comme i'entens qu'on obserue à Rome, & Monsieur l'Euesque de Rennes le faict pratiquer, quand quelque Cure vacque en son mois) & ce afin que le Prelat qui seroit possible peu soigneux & vigilant, n'en abusast luy mesme; & aussi afin de retrencher les brigues que les meschans & ignorans pourroient faire au preiudice de l'Eglise. Car c'est chose bien dure que Messieurs les Euesques, lesquels sont responsables deuant Dieu des desordres qui arriuent en leurs Eglises par l'ignorance
Hebr. 13. & mauuaise conduitte des Curez, *Ipsi enim peruigilant quasi rationem pro animabus vestris reddituri*, ne peuuent opposer ceux qui sont pourueus en Cour de Rome quelques ignorans & mal morigerez qu'ils puissent estre (combien que le S. Pere les renuoye ordinairement à leur Euesque, pour subir l'examen & informer de leur mœurs) car s'il les refuse (ce que i'ay veu quelquefois) ils ont recours à l'Archeuesque, & sçauent si bien colorer leur

rer leur fait qu'ils sont en fin admis, d'autant qu'ils supposent que l'Euesque leur est ennemy, ou qu'il veut faire tomber le benefice en autre main, & autres semblables pretextes: & mandient le tesmoignage de plusieurs pour preuue de leurs bonnes mœurs. Et s'ils craignent l'examen, (au cas que Monsieur l'Archeuesque en voulut prendre la peine sans s'en rapporter à ses officiers) ils se seruēt d'vn autre qui prent leur nom ayant vn peu plus de suffisance, parce que l'Archeuesque ny ses officiers ne le cognoissent point, Et cela n'est pas incroyable, veu que chose semblable a esté practiquee par quelques ignorans lors qu'ils vouloient prendre les ordres sacrez. Et derechef en cas de refus ils se pouruoyent ailleurs, en sorte qu'il n'y a plus moyen d'y remedier: car celuy qui a ses prouisions de Rome a vn grand auantage sur tout autre qui voudroit le trauerser; & mesme il semble maintenant que les deuolutaires & les deuolus sont odieux; & s'en trouue peu qui ne payent bien cherement les interests de leur entreprise: car celuy qui est pourueu n'espargne riē pour maintenir son droict, quoy qu'il ſoit incapable du benefice : & on a touſiours eſgard à ſes lettres & prouiſions. Et d'ailleurs vn homme de bien & qui a des lettres n'a pas ſouuent les moyens pour faire les frais, ſoit d'vn procez, ſoit d'vne courſe extraordinaire : Et luy ſemble meſme que cette procedure en matiere de benefice & qui doit eſtre comme l'œuure du ſainct Eſprit, eſt indigne d'vn homme d'honneur qui deſire trauailler en la vigne de Dieu, & pluſtoſt repaiſtre que tondre la brebis, & qui voudroit eſtre appellé comme Aaron a vn ſi ſainct miniſtere. Et puis nous ſommes en vn temps auquel on ne donne rien ſi on ne demande, & encore pas. Et on ne voit guere qu'on s'encherche des hommes de merite arriuant vne vacance pour les preferer à tous autres. Outre qu'vn homme d'eſtude qui a ordinairement le nez dans ſes liures, ne peut auoir l'œil au bois pour deſcouurir la vacance de quelque benefice, & n'a pas les valets ſi prompts, ny les banquiers tant à ſa deuotion, comme ont ceux qui ne font autre meſtier, & dont le nombre n'eſt pas petit ; & qui font ſi bien leurs affaires que i'en ay veu qui en peu de temps ont acquis plus de trois ou quatre mille liures de reuenu en benefices, & qui auparauant n'auoient pas cinq sols de rente: ils ne manquent point aussi de cõfidens pour les leur garder ou d'ont ils tirent des pensions: & s'ils craignent de les perdre pour l'insuffisance de leurs confidans (ce que toutesfois n'arriue guere souuent tant l'ignorance est flatee) ils les font resigner à d'autres, & les font changer de maistre, & non de condition. Ou si eux-mesme en ont plusieurs de ceux qu'on appelle incompatibles, ils se font troubler par quelque amy (c'est ainsi qu'on parle) lequel prend vn deuolu sur eux pour estre le premier en datte au cas qu'ils fussent trauersez par vn autre qui a de l'argent à despendre, et par tels & semblables moyens vne bonne partie des benefices passe par les mains de ces gens là qui meriteroient la corde. Et ainsi vne grande partie des benefices est possedee par gẽs indignes & incapables. Outre que pour vn mesme benefice, l'vn se pouruoira en Cour de Rome, l'autre deuant l'Euesque, vn autre par droit de regale, autre deuant quelque Abbé qui dira auoir droict de presenter. Et pource on ne voit rien si frequent que plaideurs de benefices, & comme on dit, plusieurs chiens apres vn os. Or quel moyen reste-il à l'Euesque pour satisfaire au deub de sa charge, veu mesme que le Politique luy lie tellement les mains qu'il n'a moyen de corriger les delinquans, encore moins de les faire instruire, d'autant qu'ils sont meshuy incapables de l'estude, & n'en ont pas la volonté? Sans parler qu'il se trouue des Euesques qui ne sont pas si exactes, comme il seroit à desirer, lors qu'il est question de pouruoir à vn benefice vacant en leur mois: Et ainsi le pauure peuple des champs est mal edifié, point instruit ny catechisé: d'où vient que la plus part ignore les premiers elemens du Christianisme, quoy qu'il en fasse profession. Et me souuiens à ce propos que allant prescher en Poictou, ie passé par vne parroisse où quelques Catholiques me dirent qu'il y auoit plus de 25. ans qu'ils n'auoient ouy de sermon, & que sortans de la Messe de parroisse, ils alloient à la halle toute proche où se faisoit le presche; & comme ie leur representay que c'estoit mal faict d'ouyr le ministre de cette halle, d'autant qu'il enseignoit vne doctrine contraire à celle de l'Eglise Catholique, l'vn d'eux me repartit que au moins ils y oyoient parler de Dieu. Et semble que les Peres Iesuistes qui ont tant desiré d'ouurir leur College pour enseigner en cette Vniuersité auroient mieux faict d'aller departir leur talent és lieux où le pauure peuple des champs demande le pain de sa parole de Dieu, & aucũ ne prent la peine de le luy rompre *paruuli petierunt panem, & non erat qui frangeret eis.* Thren. 4. Reproche qu'il receuront vn iour, & ensemble tous ceux qui ne cherchent que les villes desdaignans les ames basses des champs, comme si Iesus-Christ n'auoit pas aussi bien espanché son sang pretieux pour les laboureurs & hommes champestres, comme pour les bourgeois & habitans des villes qui sont desgoutez par l'abondance des viandes, de sorte qu'on ne sçait plus en quelle façon les apprester pour leur donner de l'appetit: Au lieu que les autres trouueroient fort bon le pain tout sec estant rompu d'vne main charitable. *Scientia inflat, charitas ædificat.* Ie croy que si sainct Bernard viuoit encore parmy nous le cœur luy seigneroit de voir vn tel desordre, & Dieu si mal serui : Et ne sçay si ce Religieux François noblement franc en toutes choses, bastiroit point de nouuelles considerations pour les adresser non seulement à nostre saint Pere le Pape qui seul ne peut remedier à tăt de maux; mais aussi aux princes, aux euesques & aux Magistrats, afin d'y apporter quelque remede, sās auoir esgard au profit particulier; ains à la gloire de Dieu & vtilité de son Eglise. Et possible aussi que ce deuot Pere monteroit en chaire pour declamer contre nous qui au lieu de secourir les ames és endroits où il y a bien de la necessité nous vieillissons en Paris : Ie dy en Paris qui peche plus par trop sçauoir que par ignorance. & se mocqueroit de ceux qui briguent vainement les premiers lieux des licences, pour leurs escoliers, & qui les portent à vne vaine ambition, dignes des peines que iadis le premier empereur Chrestien decerna contre tous ceux qui affectoient & briguoient les vains honneurs, *Ab honoribus mercandis per suffragia vel qualibet ambitione quærendis, certà mulctà prohibuit : cui addimus vt quicumque fugientes obsequia curiarum, vmbras & nomina affectauerint di-*

l. 1. de honora. codic. C. Theod. & l. 24. de Decur.

gnitatum , tricenas libras argenti in ferre cogantur, &c. Et auroit occasion de rire de nos Paranimphes, où l'on n'entẽd parler que de Palmes & de Lauriers, de Couronnes & de Triomphes; & ou les Bacheliers sont louez en leur presence, auec des comparaisons si releuées qu'il semble que ce sont autant de Põpees & de Cesars qui ont gaigné huict cent villes: ou emporté cinquante deux batailles, ce qu'vn Bachelier de Sorbonne ne peut dernierement dissimuler, ains employa toute sa harangue pour monstrer que cela ne ressentoit rien de la pieté de nos ancestres, ny de la modestie Chrestienne, & encore moins de la grauité des Theologiens; & dit franchement que c'estoit vne vanité nõ moins puerile que l'apparat des vases d'or & d'argent, dont on auoit couuert vne credence pour esblouyr la veuë des assistans; au lieu qu'on deuroit prendre quelque subiect graue & serieux, & tel que demande vne escholle de Paris. On peut discourir sur les attributs diuins puissance, bonté, Iustice & autres: ou sur les perfections & vertus de nostre Seigneur, auquel tous les thresors de la science &

sapience de Dieu ont esté entassez, montrer combien son iugement sera rigoureux contre ceux qui n'employeront le talent qu'ils ont receu au salut des ames ; & encore plus contre ceux qui en abusent, comme fait l'aduersaire au preiudice & scandale de l'Eglise : au contraire le loyer reserué à ceux qui trauailleront vtilement en la vigne de Dieu. Parler de ces Couronnes que le iuste Iuge leur rendra, & non des Couronnes de la terre tressees de fleurs subiectes à la fletrissure|: Ou si on aime mieux s'estendre sur les vertus, qu'on appelle Theologales, sur les Sacremens, la dignité du Sacerdoce, sur les parties requises à vn Docteur & predicateur, cõme ie me souuiẽs auoir faict autrefois, où ie fis vne comparaison des pasteurs & predicateurs, auec les Iuges & Aduocats, & montré que la charge des premiers estoit plus grande, plus noble & plus difficile tant pour sa fin que pour son subiect, & toutesfois auilie, faute de la cherir comme il appartient : Que les estudes qu'on a fait ne sont que des essais ou des preparatifs pour combatre l'erreur, le vice & l'heresie : & qu'il faut auoir bien de la suffisance & prudence

pour

pour dignement exercer l'office Angelique de la predication, *argue, obsecra, increpa in omni patientia & doctrina erit enim tempus in quo sanam doctrinam non sustinebunt, sed ad sua desideria coaceruabunt sibi magistros: & à veritate quidem auditum auertent, ad fabulas autem conuertentur. Tu vero vigila, in omnibus labora, opus fac Euangelistæ.* Ne s'amuser pas à chatouiller les oreilles par discours mignarts & affetez, & auec des paroles choisies, cōme sur le volet: ny à des recherches curieuses lesquelles sont aucunefois fabuleuses & peu veritables. Comme aussi les auditeurs ne doiuent s'arrester aux fueilles du langage, ains à la racine de la verité; & considerer que les belles paroles & les recherches curieuses peuuent bien adoucir ou fermer la playe & non la guarir, ou mesme y nourrir vne gangrene qui se rend apres incurable. Et ainsi prēdre d'autres subiects vtiles tant à ceux qui les font que à ceux qui les entendēt. Et sur tout soit en l'eschole, soit en chaire, parler auec honneur des puissances tant Ecclesiastiques que Politiques, ausquelles apres Dieu nous deuons rendre 2.Tim.4.

tout honneur, deuoir & obeyssance, d'autant que celuy qui resiste à la puissance, resiste à l'ordonnance de Dieu.

BRIEF ADVIS SVR LES Theses d'vn Bachelier, inserees sur la fin du liure de l'Aduersaire.

IL adiouste sur la fin de son escrit certaines theses, lesquelles il veut attribuer à la faculté de Paris. Si sō rapport est veritable, ie pense qu'il a faict ce que iadis les Poëtes ont voulu representer en la personne de Promethée, & qu'il ne luy restera qu'vn regret immortel au cœur: ou au moins il deuoit recognoistre la force & l'vsage de ce feu qu'il a tiré contre les ordonnances de la mesme faculté si souuent reiterées. Quoy qu'il en soit, il introduit vn Bachelier proposant certaines theses, qui sembloient trop auantageuses au sainct pere, & le fait desdire & retracter par autres, lesquelles il croit estre fauorables à ses principes. Mais à mon aduis il se trompe de iuste moitié; car si on veut conferer ses maximes auec celles du Bachelier, on trouuera qu'il y a vn grand discernement entre les vnes & les autres.

Le Bachelier dit 1. Que toutes les puissances de la iurisdiction de l'Eglise, autres que celles du Pape, sont de Iesus-Christ, touchant l'institution & collation premiere : mais que la limitation & dispensation ministerielle appartiẽt au pape & à l'Eglise 2. que ces puissances là sont de droit diuin, & immediatement instituées de Dieu. 3. On trouue en l'Escriture que Iesus-Christ a fondé l'Eglise & ordonné expressément d'autres puissances que celles du Pape. 4. Quand quelques choses sont ordonnées en quelque Concile, toute l'authorité qui donne force aux ordonnances, ne reside pas seulement au souuerain Pontife; mais principalement au sainct Esprit & en l'Eglise Catholique. 5. Par le texte de l'Euangile, & la doctrine des Apostres on trouue que l'authorité de la iurisdiction fut conferée de Iesus-Christ à ses Apostres & Disciples par luy enuoyez. Or en tout cela il n'y a rien, estant sainement exposé, qui puisse fauoriser à l'aduersaire : Car nous accordons librement que toutes les puissances de la iurisdiction de l'Eglise, outre celle du sainct Pere, à sçauoir des Euesques & prelats sont de Iesus-Christ, eu esgard à la premiere institution & collation. 2. Et qu'elles ont esté instituées immediatement de Dieu entant qu'il enuoya immediatement ses Apostres, & leur dit, Ce que vous lierez en terre sera lié au Ciel, &c. 3. Et on ne nie pas que le Sauueur n'ayt institué d'autres puissances que celles du Pape : car comme dit sainct Bernard à Eugene *Vous errez si vous pensez que vostre puissance Apostolique, comme elle est souueraine, soit aussi seule instituée de Dieu, &c. Vostre seule puissance n'est doncpas du Seigneur, il y en a de mediocres, & y en a d'inferieures.* Et on sçait bien que messieurs les Euesques ne sont pas priuez de puissance en l'Eglise de Dieu ; ils peuuent baptiser, prescher, conferer les ordres sacrez, lier & deslier. Au contraire nous auons fait voir comme l'Aduersaire leur rongne leur puissance, & les despouille de leurs plus precieux ornemens. Il ne les rend que simples exequuteurs & instrumens de l'excommunication ; car il dit que toute la iurisdiction exterieure de l'Eglise reside au pouuoir d'excommunier ; et encore lie les mains aux pasteurs, touchant

Non ergo tua sola potestas a Domino, sunt mediocres sunt & inferiores. Bern. l. 3. de Consid.

l'excommunication iusques à ce qu'vn Concile y ait passé. Et attendu qu'il declare que le Prince & le Magistrat Politique ne iuge que de l'abus. *Car il ne iuge* (dit il) *que de l'abus, & cela appartient à l'execution des Canons*. Ie luy demanderois volontiers, qui est-ce qui iuge de tout le reste, où il n'y a point cause d'abus, veu qu'il ne laisse aucun iugement aux Euesques en particulier? Quand vn prestre a faict quelque faute, qui est-ce qui le doit iuger regulierement? dira-il que c'est vn abus, lors que l'Euesque voudra informer de son delict, & le chastier en luy imposant quelque peine, selon la qualité de son offence? car il luy oste tout pouuoir de corriger les prestres de son Eglise; excepté qu'il luy laisse l'excommunication pour s'en seruir en toute sorte de fautes grandes, petites, enormes ou legeres. Et encore ne luy donne pas absolument le pouuoir d'excommunier (car il le reserue à vn Concile Aristocratique de l'Eglise) ains la simple exequution Il faut donc feindre quelques Magistrats inuisibles, lesquels iugeront inuisiblement ez cas, où il n'y a point d'abus, puisque l'Eglise n'a que le simple pouuoir

Pag.12.

d'excommunier,& que la Cour ne iuge que de l'abus. Cela seroit bon parmy les heretiques de nostre temps qui se sont imaginez vne Eglise inuisible, & l'ont voulu persuader aux autres par des raisons peu visibles. Pour mon regard ie confesse librement que ie n'ay point l'esprit si aigu, ny les yeux si penetrans de voir ces inuisibles puissances, & que ie ne suis point capable de mettre quelque bon accord entre des propositions qui s'entre-heurtent auec tant d'obstination.

I'ayme mieux dire auec sainct Iean Chrysostome, en la premiere epistre, au Pape Innocent, *Escriuez ie vous supplie que ces choses si iniustement faictes soient punies selon les loix Ecclesiastiques.*

Et pour reuenir sur nos premiers pas, ie consens librement & oserois bien iurer en pleine Sorbonne, que toute l'authorité d'vn Concile, qui donne force à ses decrets, ne reside pas seulement au Pape, mais aussi en l'Eglise Catholique, & principalement au Sainct Esprit, & pource les Apostres mirent à la teste de l'ordonnance du Concile tenu en Hierusalem, *Il a semblé bon au sainct Esprit*

& à nous. Mais nous disons que apres le sainct Esprit, la principale authorité reside au sainct Pere : comme la souueraine puissance reside au Prince temporel lors qu'il tient ses Estats en son royaume ; & non pas toute la force : car à quel propos tiendroit-il ses Estats, s'il pensoit que le consentement d'vne si noble assemblee ne dõnast quelque force & vigueur aux choses qui y sont deliberees ? Ie recognois aussi que selon l'escriture & la doctrine des Apostres, le fils de Dieu leur confera l'authorité de la iurisdiction, reseruant neantmoins la souueraineté à S. Pierre, comme le Pasteur ordinaire pour estre continuee à ses successeurs, d'autant que à luy seul & non aux autres il dit qu'il fonderoit son Eglise sur cette pierre : & luy donna specialement la charge & le soin de repaistre ses brebis, apres luy auoir demandé s'il l'aymoit plus que les autres ; *Simon, m'ayme tu plus* Ioan. 21. *que ceux-là ? Repais mes brebis, repais mes aigneaux* : montrant par cette façon de parler qu'il luy donnoit quelque chose de plus ; à sçauoir, la souueraineté & la pleine puissance Apostolique pour estre continuee en ses successeurs : autremẽt

à quel propos eut le fils de Dieu vsé de cet auant propos? Simon, m'ayme tu plus que ceux-là? S'il ne luy eut rien conferé plus que au reste des Apostres? Pourquoy reperer trois fois, m'ayme tu, & repais mes brebis? Si nous consultons S. Bernard il nous respondra, que *les autres sont voirement portiers du ciel & Pasteurs des troupeaux, mais toy* (parlant à Eugene) *de tant plus glorieusement que tu as par dessus les autres herité differemment l'vn & l'autre: ceux-là ont des troupeaux qui leur sont assignez chacun en particulier, mais nous tous te sommes commis comme vn à vn, & tu n'es pas seulement Pasteur des brebis, mais aussi vn Pasteur de tous les Pasteurs. Tu demande d'où te prouueray cecy? Par la parole de Dieu. Car ausquels ie ne diray pas des Euesques, mais des Pasteurs ont esté commises si absolument & sans discernement les brebis? Si tu m'ayme, Pierre, repais mes brebis. Quelles? sont ce les peuples de cette cité ou de cette region là, ou certes d'vn royaume? mes brebis dit-il. Qui ne voit qu'il n'a point designé quelques vnes, ains les a toutes assignees: car on n'excepte rien où l'on ne distingue rien.* Et adiouste, *Et forte præsentes ceteri condiscipuli erant, cum committens vni vnitatem*

Habent illi sibi assignatos greges, singuli singulos, tibi vniuersi crediti, vni vnus, &c. Bern l. 2. de consid. c. 8.

tem omnibus commendaret in vno grege & vno Pastore secundum illud: Vna est columba mea, formosa mea, perfecta mea; Vbi vnitas ibi perfectio. Et par ces dernieres paroles vous voyez que ce pere declare que possible les autres Apostres estoient presens lors que le Sauueur recommanda son Eglise à Pierre seul, à fin que l'vnité fut grande en luy. Car l'vnité du corps tel qu'est l'Eglise paroit principalement au chef, à sçauoir en sainct Pierre, par le tesmoignage de ce Pere: Tertullien, qui viuoit presque du temps des Apostres, appelé aussi le Pape, *premier Pontife & Euesque des Euesques*: sainct Chrysostome: *Le Pere a donné commandement sur vn peuple à Ieremie; mais Iesus-Christ l'a donné à Pierre sur toute la terre.* En fin saint Athanase escriuant au Pape Marc l'appelle *Seigneur, sainct & venerable du souuerain degré Apostolique, Pape du Siege Romain & de l'Eglise vniuerselle*: Et entre tous les Peres il ne s'en trouuera vn seul qui nie la souueraineté au Pape: ou qui l'ait appellé chef ministeriel de l'Eglise: ou qui ait nié qu'il eust receu les clefs de la iurisdiction Ecclesiastique, ou qui ait asseuré qu'il fut subiect à l'Eglise,

Lib. de Pudic. c. 1.

Hom. 55. in Math.

comme l'œil est subiect à l'homme ; ou qui ait enseigné que toute la iurisdictiõ exterieure de l'Eglise, reside en la puissance d'excommunier , comme faict l'Aduersaire : Et consequemment donne vn dementy à tous les anciens qui asseurent du contraire, & à l'Eglise Catholique Apostolique & Romaine, laquelle mesme à ce iour de la chaire de Sainct Pierre (auquel i'acheue d'escrire cecy) proteste qu'il est le prince des Apostres, & que les clefs du Royaume des Cieux luy ont esté données. *Tu es pastor ouium, princeps Apostolorum, tibi traditæ sunt claues regni cælorum.* Et le seul tesmoignage de sainct Hilaire Euesque de Poictiers, rapporté en l'office du iour, estoit suffisant pour luy fermer la bouche ; Ie le veux icy repeter, afin qu'il rougisse deuant vn si grand Docteur, & vn si rude aduersaire des heretiques de son temps. *O in nuncupatione noui nominis felix Ecclesiæ fundamentum ! dignaque ædificatione illius Petra quæ infernas leges, & tartari portas & omnia mortis claustra dissolueret. O beatus cæli ianitor, cuius arbitrio claues æterni aditus traduntur.* Le Bachelier en sa premiere proposition , recognoit aussi que la iurisdiction essentielle appartient

D.Hilar. in Math.c. 16.

au Pape,& non pas simplement l'execution, comme l'Aduersaire se persuade : car ayant dit que toutes les puissances de la iurisdiction de l'Eglise, autres que celles du Pape, sont de Iesus-Christ, touchant la premiere institution & collation, il adiouste : mais la limitation & dispensation ministerielle est au Pape & à l'Eglise. *A Papa autem & ab Ecclesia quantum ad limitationem & dispensationem ministerialem* : Où vous voyez que le Bachelier confesse que le Pape a le pouuoir autant essentiel que l'Eglise, & que mesme il le met deuant comme il deuoit. Et n'importe qu'il vse du mot de *limitation* : car il veut dire que c'est au sainct Pere & à l'Eglise de prescrire & definir ce que nous deuõs croire, & tenir tãt pour la foy que pour les mœurs, ou mesme definir iusques ou les loix & Canons ecclesiastiques se peuuẽt estendre pour le salut des ames, conformémẽt à la loy de Dieu eternelle : car quelques loix & Canõs que l'Eglise puisse faire, elles dependent tousiours de la loy eternelle de Dieu, & ne sont que comme expositions ou dependances d'icelle, suiuant ce commun axiome, *Omnes leges deriuantur à lege ater-*

na, & auquel se rapporte cette sentẽce de la sapience eternelle, *per me Reges regnãt, & legum conditores iusta decernunt*, *Prou*. 8. Il n'importe aussi qu'il adiouste ces autres de *dispensation ministerielle* : car si par ce mot de ministerielle on veut entendre la simple execution des ordonnances, & non le pouuoir d'ordonner & definir ; il s'ensuiura que l'Eglise ne pourra rien ordonner, non plus que le Pape. Ce que le Bachelier n'a iamais entendu : car il se seroit contredit luy mesme ; & encore auroit commis vne manifeste heresie. Il se seroit contredit, parce qu'il declare en sa 4. proposition, que le Concile peut faire des decrets & des ordonnances : Et le Politique ne nie pas que le Concile Aristocratique de l'Eglise n'ayt le pouuoir de faire des loix, tant pour la foy que pour les mœurs. Il auroit aussi commis vne heresie : car c'est vne heresie de nier à l'Eglise la puissance de faire des loix & des Canons Ecclesiastiques. Partant lors que ce Bachelier declare que la puissance de la iurisdiction Ecclesiastique appartient au Pape & à l'Eglise pour la limitation & dispensation ministeriele, il n'a iamais entẽdu par ce mot de Ministeriele, attribuer la simple & nue exequution tant au Pape qu'à l'Eglise. Et cete fameuse faculté de Paris n'auroit iamais receu ou approuué sa declaration, ains l'auroit condamnee comme heretique: & toutefois il semble que l'Aduersaire a mis en auant les theses & propositions de ce Bachelier (lesquelles il attribue à la faculté de Paris) pour seruir de tesmoignage à son erreur disant que le Pape n'est que le chef ministeriel de l'Eglise, c'est à dire, selon luy, qu'il n'a que la simple exequution des ordonnances de l'Eglise, & n'en est que le simple instrument & commissaire: faute de considerer que ce Bachelier par ces mots de *Dispensation ministerielle* n'a iamais voulu denier tant au Pape qu'à l'Eglise la iurisdiction essentielle & le pouuoir de faire des loix: Et si tant est que le rapport qu'en fait l'Aduersaire soit veritable (ce que ie ne veux croire) il faut dire necessairement que le Bachelier & l'Eschole de Paris ont entendu ces mots de *Dispensation ministerielle* en termes generaux, comme on dit que Messieurs les Presidents & Conseillers sont les ministres & dispensateurs de la

Iustice : ce qu'on peut mesme dire des Princes Souuerains entant qu'ils administrent & rēdent la iustice à leurs subiects ; car le Fils de Dieu a bien dict de soy-mesme, qu'il estoit venu pour administrer, & non pour estre administré : *Non veni ministrari, sed ministrare.* & de rechef, *Ego in medio vestrûm sum sicut qui ministrat.*

Math.20. Luc.22.

Quant aux autres trois propositions, elles se peuuent sainement exposer ; car si on accorde que la puissance iuridique de Messieurs les Euesques est immediatement de Dieu entant qu'ils font l'office d'Apostre chacun en son Eueschée, cela n'empeschera pas que la souueraineté de la iurisdiction Ecclesiastique ne demeure au S. Siege, car les Peres anciens appellent S. Pierre le Prince des Apostres, & neaumoins tous estoyent immediatement enuoyez : Outre que Messieurs les Euesques ne s'attribuent pas la puissance Apostolique en toute son estendue, ains seulement chacun en son Eglise particuliere. Et comme les Iuges inferieurs biē qu'ils soyēt immediatement establis du Roy aussi bien que la Cour de Parlement (c'est la similitude dont vse l'Aduersaire) cela n'empesche pas que la Cour n'ait quelque souueraineté sur eux au dessous du Prince, entât qu'on appelle de leur iugemēt à la Cour, & qu'ils doiuent rendre raison à la Cour de leurs iugements, & elle peut les iuger incapables de leur charge: tellement que la puissance qu'ils ont, bien qu'immediate, releue des Cours souueraines: Ainsi, bien que la iurisdiction de Messieurs les Euesques fut immediate, cela n'oste pas la souueraineté au S. Siege Apostolique. Quant à la simonie dont parle le Bachelier, à sçauoir, si le Pape la peut cōmettre, il faut distinguer: S'il est question de chose purement spirituelle, telle qu'estoit ce don de Dieu que Simō le Magicien vouloit achepter de S. Pierre, il y a bien de l'apparence que S. Pierre n'eut pas moins offensé en prenant l'argent, que le Magicien en le donnant. Mais si on parle du temporel de l'Eglise, il n'y a pas grande apparence. Et pour le regard de la derniere où il dit que la puissance de l'Eglise peut de droict en certain cas agir contre le souuerain Pontife: On peut bien dire (ce qui n'arriuera iamais) que si le Pape se rendoit fauteur des heretiques, ou s'il s'estoit retiré vers le Turc pour faire la guerre aux Catholiques, qu'en ce cas l'Eglise auroit droict de proceder à l'election d'vn autre, car il auroit luy-mesme par ce moyen cedé au droit qu'il auoit à la Chaire de S. Pierre. Et tant s'en faut que cete chaire puisse souffrir vn fauteur d'heresie, que mesme les portes d'Enfer, c'est à dire, selon Epiphane, les heresies & les heresiarques ne la peuuent surmonter.

De dire, Si cete singuliere chaire est Infaillible, ou seulement entant qu'elle est vnie auec l'Eglise, comme le chef auec son corps : & si le Pape est par dessus le Concile ou le Concile par dessus le Pape, ce sont des questions qui n'ont iamais esté determinees absolument en aucun Concile. Et si ie me suis seruy du tesmoignage des anciens, en faueur de la chaire de sainct Pierre, ie n'ay pensé tirer des consequences necessaires, ains fort probables, parce que l'Escriture & les anciens parlent si auantageusement de la foy de sainct Pierre & de la fermeté de la chaire Apostolique, & en termes si forts qu'il ne restoit ce semble que de prononcer le mot d'infaillible ; outre la practi-

practique de l'Eglise qui est de demander regulierement son approbation lors que messieurs les Euesques sont assemblez en Concile.

Mais qu'est-il besoin de nos resolutions? Qui a plus d'interest en cette cause, ou les simples Docteurs, ou les Prelats d'Eglise? Ie croy qu'on m'accordera que ce sont messieurs les Euesques, d'autant que (osté le sainct Pere) il ne reste qu'eux pour tenir les Conciles en l'Eglise de Dieu: & qu'ils pourroient à l'auanture se formaliser de voir que le sainct Siege Apostolique est pardessus leurs ordonnances & deliberations. Et toutesfois c'est grād cas qu'ils ont laissé couler seze cents ans, & attendu iusques à ces derniers siecles, sans auoir rien determiné en aucun Concile qui nous puisse obliger absolument de croire l'vn ou l'autre, combien qu'ils soyent vn nombre infini contre vn, & que leurs suffrages soyent libres au Concile. Et comme si l'Aduersaire y auoit plus d'interest; il veut faire plus que tous les Euesques & les Conciles ensemble. Ne sçait il pas qu'il y a des choses beaucoup meilleures demeurant indecises que autrement?

Et que l'Eglise, pour cette raison, n'a rien voulu determiner au tres-sainct Concile de Trente, ny en aucun autre, touchant l'immaculée conception de la mere de Dieu, ains a laissé l'opinion problematique? Et que le sainct Siege n'a rien voulu resoudre sur la question tant agitée à Rome, entre les Peres de l'ordre saint Dominique, & les Iesuistes de la predetermination physique?

En fin la sentence Catholique est que *le iugement de l'Eglise unie auec son chef essentiel visible, lieutenant de Jesus-Christ en terre, est indubitable & infaillible.* Car nostre Seigneur a dit, qui est la mesme verité. *Tu es Pierre & sur cette pierre ie bastiray mon Eglise, & les portes d'enfer ne preuaudront contre icelle.*

FIN.

Sentence de S. Cyprien.

Post ista adhuc insuper pseudoepiscopo sibi ab hæreticis constituto, nauigare audeat, & ad

Petri cathedram atque Ecclesiam principalem, vnde vnitas sacerdotalis exorta est: à schismaticis, & profanis litteras ferre, nec cogitare eos esse Romanos, quorum fides, Apostolo prædicante, laudata est, ad quos perfidia non possit habere accessum. B. Cypr. ep. 3. l. 1.

AV LECTEVR.

AMy Lecteur, ie te prie d'auoir agreable cette repartie. C'est attendant qu'vn autre y mette la main. Si le temps m'eut permis ie l'eusse mieux polie & dressee en termes plus forts, pour donner subiect de repentance & de resipiscence à celuy qui a voulu denigrer l'authorité non seulement du S. Siege, mais aussi de messieurs les Euesques & de toute l'Eglise. Mais estant appellé pour prescher le Caresme à 80. lieuës d'icy, ie n'ay peu mieux faire en si peu de temps. Ce renommé Docteur, lequel comme vn arbre planté dans vne riche valee, porte des fruicts de haut goust, dont l'odeur s'est espanchee sur toute l'Europe fera quelque chose de mieux. Et ie serois marry que ce brief aduis luy eut donné subiect de nous priuer du fruict de ses veilles, comme il semble estre arriué quand ie repartis à Du Moulin lors Ministre d'Ablon, en mon liure du Purgatoire contre son *Accroissement des eaux*. A DIEV.

Fautes suruenues à l'impreßion.

Page 22. l. 8. veu, lisez veut l. 25. choisie, lisez choisis.
Pag. 28. l. 21. viendront, lisez voudront.
Pag. 33. l. 27. preferé, lisez proferé.
Pag. 39. en marge vni sumus, lisez vni vnus.
Pag. 71. apres la ligne penultiesme faut ioindre la sentence de S. Leon qui est en la Page suyuante, & en icelle sentence au lieu de *potestate sint*, lisez *sunt*.
pag. 146. l. 10. presenterent.
pag. 148. l. 1. quidem. l. 13 comme.
Pag. 149. l. 8. la puissance, lisez, vostre puissance.

www.ingramcontent.com/pod-product-compliance
Ingram Content Group UK Ltd.
Pitfield, Milton Keynes, MK11 3LW, UK
UKHW021122220726
13924UKWH00004B/1864

9 782019 713942